In dieser Reihe sind
bisher erschienen:

Richtig Badminton
Richtig Basketball
Richtig Carven
Richtig Fitness-Skating
Richtig Fußball
Richtig Golf
Richtig Golf länger und genauer
Richtig Golf rund ums Grün
Richtig Inline-Skating
Richtig Jogging
Richtig Karate
Richtig Kanufahren
Richtig Marathon
Richtig Mountainbiken
Richtig Muskeltraining
Richtig Paragliding
Richtig Reiten
Richtig Rennradfahren
Richtig Schwimmen
Richtig Segeln
Richtig Snowboarding
Richtig Sportklettern
Richtig Stretching
Richtig Taekwondo
Richtig Tanzen Lateinamerikanische Tänze
Richtig Tanzen Standardtänze
Richtig Tanzen Modetänze
Richtig Tauchen
Richtig Tennis
Richtig Tennistraining
Richtig Tischtennis
Richtig Torwarttraining
Richtig Walking
Richtig Yoga

RICHTIG

BLV SPORTPRAXIS TOP

Gertrude Krombholz
Astrid Leis-Haase

# Tanzen

## Modetänze

blv

Die Deutsche Bibliothek –
CIP-Einheitsaufnahme

Ein Titeldatensatz für diese Publikation
ist bei Der Deutschen Bibliothek erhältlich

**Bildnachweis**
Alle Fotos von Gertrude Krombholz, Astrid Leis-Haase und Uli Gündel außer:
Archiv für Kunst und Geschichte, Berlin: S. 107, Stiftung Preußischer Kulturbesitz, Berlin: S. 115, Süddeutscher Verlag/Bilderdienst, München: S. 98, Tanzschule im Deutschen Theater, München: S. 116
Umschlagfotos: Producciones A.L.G. de Patrian, Buenos Aires (Vorderseite)
Astrid Leis-Haase (Rückseite)

Umschlaggestaltung: Joko Sander Werbeagentur, München

BLV Verlagsgesellschaft mbH
München Wien Zürich
80797 München

BLV Sportpraxis Top

Zweite, durchgesehene Auflage



Satz: Satz & Layout Fruth GmbH
Herstellung und Layout: Rosemarie Schmid
Druck: Appl, Wemding
Bindung: Conzella, Urban Meister, München

Gedruckt auf chlorfrei gebleichtem Papier

Printed in Germany · ISBN 3-405-15540-1

**Dr. Gertrude Krombholz:** Leitende Akademische Direktorin, Leiterin der Abteilung Sportlehrerausbildung und Leiterin des Fachgebiets Gymnastik, Tanz, Musik und Bewegung an der Technischen Universität München (i. R.).
Tänzerische Ausbildung im In- und Ausland, u. a. im Gesellschaftstanz bei Paul Krebs/ Nürnberg; ADTV-Tanzlehrerin. Seit 37 Jahren Dozentin für Tanz in der Sportlehrerausbildung und in Freizeitgruppen mit Studenten, Kindern und Jugendlichen, Senioren und Behinderten. Initiatorin des integrativen Rollstuhltanzes in Deutschland. Referenten- und Lehrgangstätigkeit bei Kongressen und Fortbildungsveranstaltungen im In- und Ausland. Leiterin und Choreographin vieler Vorführungen mit den Tanzgruppen der Technischen Universität München bei Sport- und Tanzveranstaltungen im In- und Ausland. Wertungsrichtertätigkeit bei vielen Tanzveranstaltungen. Zahlreiche Veröffentlichungen im Bereich Gymnastik und Tanz, in der Sportdidaktik und -geschichte.

**Astrid Leis-Haase:** Selbständige ADTV-Tanzlehrerin und geprüfte Tanzsporttrainerin in München. Ihre Schwerpunkte sind Gesellschafts- und Turniertänze aller Leistungsstufen, Steptanz, moderne Bewegungstechniken und Schautanzchoreographie. Als Amateurtanzsportlerin 1973 in der D-Klasse begonnen, nach 2 Jahren als Deutsche A-Klassenmeisterin Latein die Sonderklasse erreicht. Aufnahme in den Nationalkader, internationale Wettkämpfe. 1977 mit dem 3. Platz der deutschen Lateinmeisterschaft und als Mitteleuropäischer Vizemeister die Amateurlaufbahn beendet.
Nach einem längeren Aufenthalt in den USA und Schulabschluss in Krefeld, Studium der Fächer Englisch und Philosophie an der Universität Düsseldorf. Das Hobby wurde zum Beruf. Tanzlehrerausbildung bei Ernst Fern, Düsseldorf, Tanzsporttrainerausbildung bei Rudi Trautz und Rainer Salmen/Augsburg. Seit mehr als 20 Jahren als selbständige Tanzlehrerin im Münchner Norden aktiv. Weitere Veröffentlichungen im Bereich Gesellschaftstanz.

# Inhalt

# Vorwort

### Was sind Modetänze und wie entstehen Sie?

Unter Modetänzen versteht man Tänze, die einem schnellen Wandel unterworfen sind. Man könnte auch einen Zusammenhang zu dem so genannten »Modesttanz« suchen, »... ein manchmal vorkommender Name für den Veitstanz. Der heilige Modest war der Lehrer des heiligen Veit (Vitus)... Veitstanz ist in tänzerischer Sicht die Bezeichnung für die aus psychischen Nöten entstandene, im Mittelalter vielfach epidemisch auftretende Art einer Tanzwut... Nach dem Bericht mittelalterlicher Quellen tanzten in der St.-Veits-Kapelle zu Ulm jährlich einmal die Frauen Tag und Nacht, bis sie erschöpft vor der Statue des Heiligen zusammenbrachen.« (O. Schneider, S. 347)
Heute sind mit Modetänzen diejenigen Gesellschaftstänze gemeint, die nicht standardisiert sind und nicht in das tänzerische Pflichtprogramm gehören.
Zu den Gesellschaftstänzen zählen fünf Standardtänze (Langsamer Walzer, Tango, Wiener Walzer, Slowfox, Quickstep), fünf Lateinamerikanische Tänze (Samba, Cha-Cha-Cha, Rumba, Paso Doble, Jive) und die große Gruppe der Modetänze (u. a. Hip-Hop, Tango Argentino, Mambo/Salsa, Discofox, Boogie, Beat, Twist, Charleston, Polka, Münchner Française).
Modetänze entstehen spontan aus einer Musik heraus, sind Spiegel ihrer Epoche und Dokument des herrschenden Zeitgeistes. Oft ist es ein Musiktitel (z. B. »Lambada«), ein Film (z. B. »Saturday Night Fever«), ein Kulturereignis (z. B. der Cancan in der Operette »Orpheus in der Unterwelt«) oder ein ursprünglich folkloristisches Musikstück (z. B. »Casatschok«), das den Wunsch weckt, sich nach den neuen Klängen zu bewegen. Oftmals sind Modetänze Katalysatoren für ein neues Lebensgefühl (z. B. Swing) oder leiten eine tänzerische Revolution ein (z. B. Rock'n'Roll, Beat/Soul). Nicht selten setzen sich Modetänze über zu starr empfundene Normen hinweg und brechen gesellschaftliche Tabus (z. B. Cancan, Twist). Manche Modetänze wurden gar als unschicklich bekämpft (z. B. Black Bottom, Tango, Swing).

### Warum ein Buch über Modetänze?

In unseren ersten beiden Büchern wurden die Lateinamerikanischen Tänze und die Standardtänze beschrieben. Für die vielen Modetänze gab es bislang kaum für den Laientänzer geeignete Literatur. Dieser dritte Band soll mit seinen 40 Modetänzen diese Lücke schließen. Die Palette reicht von Modetänzen aus der Wende 19./20. Jahrhundert bis hin zu den jüngsten Tanzhits wie HipHop und Breakdance, für die bis heute noch so gut wie keine deutschsprachigen Schrittbeschreibungen existieren.

Zu jedem der 40 Tänze wird eine kleine Einführung gegeben und das Schrittmaterial ansprechend durch Bildserien verdeutlicht. Die Tänze sind chronologisch nach Jahrzehnten geordnet – von Newcomern zu Evergreens. Oft konnten aus Platzgründen nur die bedeutendsten Figuren berücksichtigt werden.

### Warum gerade diese Modetänze?

Aus der Vielzahl der Modetänze wurden 40 ausgewählt, die nicht nur in ihrem Jahrzehnt ein Erfolg waren, sondern auch heute noch zu den entsprechenden gesellschaftlichen Anlässen getanzt werden. Weiter wurden Tänze ausgewählt, die die gesamte Bewegungskultur ihrer Zeit entscheidend geprägt haben (z. B. Charleston, Swing, Blues, Twist, Boogie, Beat, Discofox), Tänze, die als Modewelle immer wiederkehrten (z. B. Tango Argentino, Mambo/Salsa, Rock'n'Roll, Boogie), Modetänze, die an Erfolgssongs gebunden waren und heute zu den Evergreens gehören (z. B. »Let's Twist Again«, »La Bostella«, »Macarena«) sowie die aktuellsten Newcomer (z. B. HipHop, Breakdance, New Merengue und die Technoversion von Cotton Eye Joe).

### Für wen ist dieses Buch geeignet?

Dieses Buch richtet sich an Paare und Singles, an Jung und Alt, Tanzschulbesucher und Tanzclubmitglieder, Tanzsportler und Hobbytänzer sowie an Personen, die mit Freunden einen Modetanz einstudieren oder als Veranstalter einen Modetanz präsentieren wollen. Die theoretische Darstellung von Tanzfiguren wird jedoch keineswegs den Tanzunterricht durch Lehrkräfte und die Tanzpraxis ersetzen können. Eine dieses Buch begleitende CD mit allen 40 beschriebenen Tänzen wurde von Condor Musikvertrieb (siehe S. 126) produziert.

### Herzlicher Dank geht an ...

... diejenigen, die uns mit fachkundigem Rat unterstützt haben: Marianne Föll, Helfried Geißler, Peter Haag, Ellen Haase-Türk, Peter Hölters, Daniel Kopper, Annette Meyers, Alexio Schulze-Zastro, Markus Seebauer, Wolfgang Steuer,
... die Demonstratoren und Photographen, die zum Gelingen der tanztechnischen Photos beigetragen haben: Devina Ahlsdorf, Gül Akilligil, Stefan Bayer, Christian Brombach, Berit und Kerstin Dienstbach, Karl Eberhard, Uli Ernst, Andreas Ettinger, Larissa Forster, Brigitte und Uli Gündel, Oliver Hammer, Eva Hansen, Dr. Catherine Kempf, Doris Konrad, Daniel Kopper, Silvia Loders, Anna Mangione, Christina Masatz, Kati Müller-Höcker, Steffen Probeck, Marisa Przyrembel, Holger Rauhut, Hilmar Schachenmayer, Henning Schlicht, Alexio Schulze-Zastro, Markus Seebauer, Julia und Martina Steinkohl, Fabian und Sylvia Widmann, Claudia und Erich Zehntner.

*Gertrude Krombholz* *Astrid Leis-Haase*

# Abkürzungen

**Folgende Abkürzungen werden verwendet:**

| | | | | | |
|---|---|---|---|---|---|
| R | = | rechte(r,s) | TR | = | Tanzrichtung |
| L | = | linke(r,s) | GTR | = | Gegentanzrichtung |
| RF | = | rechter Fuß | s | = | slow |
| LF | = | linker Fuß | q | = | quick |
| RB | = | rechtes Bein | diag., dg. | = | diagonal |
| LB | = | linkes Bein | l. | = | leicht |
| RD | = | Rechtsdrehung | o. Gew. | = | ohne Gewicht |
| LD | = | Linksdrehung | ggl. | = | gegengleich |

**Geschlossene Gegenüberstellung**
Zwei Tänzer stehen sich in geschlossener Tanzhaltung gegenüber,
Standard (mit Körperkontakt) oder Latein (ohne Körperkontakt).

**Offene Gegenüberstellung**
Zwei Tänzer stehen sich frontal ca. 15–30 cm voneinander entfernt gegenüber,
L-Hand des Herrn fasst R-Hand der Dame oder
R-Hand des Herrn fasst R-Hand der Dame (**Handshake**) oder
R-Hand des Herrn fasst L-Hand der Dame oder
mit Doppelhandfassung in Hüfthöhe oder
mit Doppelhandfassung in Schulterhöhe, Arme seitwärts (**Butterflyfassung**)

**Gegeneinanderstellung**
Zwei Tänzer stehen sich rechts oder links seitlich versetzt gegenüber,
R-Hände liegen aufeinander (R-Handtour) bzw. gegengleich (L-Handtour) oder
R-Arme eingehakt bzw. gegengleich L-Arme eingehakt.

**Nebeneinanderstellung**
Zwei Tänzer stehen nebeneinander,
Einhandfassung (offene Tanzhaltung) oder
Doppelhandfassung in Schulterhöhe (**Promenadenfassung**) oder
Doppelhandfassung, Dame eingedreht (**Körbchenfassung**) oder
Schulter- oder Schulter-/Hüftfassung.

**Linienaufstellung**
Mehrere Tänzer stehen nebeneinander,
Handfassung oder Schulterfassung oder ohne Fassung.

**Hintereinanderstellung**
Zwei Tänzer stehen hintereinander,
Hüftfassung oder Schulterfassung oder ohne Fassung.

**Reihenaufstellung**
Mehrere Tänzer stehen hintereinander,
Hüftfassung oder Schulterfassung oder ohne Fassung.

**Schattenstellung**
Zwei Tänzer stehen seitlich leicht versetzt hintereinander.

**Promenadenstellung**
Zwei Tänzer öffnen die geschlossene Gegenüberstellung Standard um 45 Grad (Herr 1/8 LD, Dame 1/8 RD).

## Woher kommt der HipHop?

Der Begriff »HipHop« lässt sich durch »Hip« = Hüfte und »Hop« = Hüpfschritt leicht erklären, sagt aber wenig über seinen Ursprung aus. HipHop entstand Ende der 1970er Jahre als Straßen- und Partykultur in den Ghettos der South Bronx in New York. Als Erfinder gelten die Discjockeys Afrika Bambaataa und Grandmaster Flash, die aggressive Energien der Ghetto-Kids positiv zu binden versuchten. Vor allem Jugendliche afroamerikanischer und spanischer Herkunft nahmen HipHop begeistert auf und entwickelten ihre eigene Musik-, Tanz- und Lebenskultur, wozu

- die **Rap-Musik** (ein in faszinierender Geschwindigkeit vorgetragener rhythmischer Sprechgesang),
- das **Dj-ing** (die besondere Kunst des Discjockeys, Musikstücke durch Anhalten oder Beschleunigen der Schallplatten zu verfremden und in andere Musikstücke einzublenden),
- eine spezielle **Kleidung** (weite Hosen, Rapperkappe, überweite T-Shirts und Turnschuhe) und
- die **Jams** (informelle Tanzpartys mit Spontanshows, wo jeder sein Können zeigen kann) gehörten.

Der US-Film »Wild Style« von Charly Ahearn machte 1983 den Europäern HipHop schmackhaft. Doch erst einige Jahre später, mit den Erfolgen verschiedener Popgrößen, erfuhr HipHop den großen Durchbruch:

- 1984 tanzte Michael Jackson erstmals den berühmten Tanzschritt »Moonwalk« (Fließband),
- 1990 zeigte MC Hammer in seinem Musikvideo »Can't Touch This« bis dahin unbekannte Schrittkombinationen im Stil des »Pop Locking«.

Mit der Ausstrahlung solcher Videos brach eine wahre HipHop-Euphorie aus. Besonders männlichen Tänzern gefiel diese freie Tanzform, bei der man außerdem mit akrobatischen Fähigkeiten brillieren konnte.
Als Tanz ist der HipHop schwer greifbar, weil es keine festen Schrittfolgen gibt. Es existieren nur wenig einheitliche Begriffe für die allen Stilrichtungen gemeinsamen Grundbewegungen. HipHop-Tänzer stellen in ähnlich kreativer Art wie die Discjockeys (DJs) ihre eigenen Choreographien zusammen. Sie verbinden akrobatische Breakdance-Figuren (**Six Step, Turtle, Head Spin**) mit gesprungenen oder gehüpften Bewegungselementen (**Running Man, Hot Stepper, Half Moon**) und betonen diese Sprung- bzw. »Bounce-Bewegungen« stark in den Boden hinein. Auch zeigen sie schnelle, hintereinander folgende, pantomimische Figuren (**Moonwalk, Dolphin, Wave, Pop Locking**), die kleine Geschichten erzählen.

**Musik:**
4/4-Takt, »Rappers Delight« (Sugar Hill Band), »Let's Talk About Sex« (Salt'N'Pepa), »Gangsta's Paradise« (Coolio Feat. LV.), »Dangerous« (Michael Jackson); **CD zum Buch** und CDs Nr. **6, 20** siehe S. 126.

Übersteiger

Street Kick

Street Kick

Smerf / Head Wave

Pop Locking

Smerf / Shoulder Wave

Moonwalk / Fließband

Jackson Freeze

Jackson Five

Six Step 1

Six Step 3

Six Step 4

## Running Man/Streetwalk

**Fließband**

**Ausgangsposition:** Freie Aufstellung im Raum.

### Grundversion

| Schritte | Beine | Arme (Vorschlag) | Zähle |
|---|---|---|---|
| 1 | RF hop diagonal vorwärts, LF unbelasteter Rutscher rückwärts | | 1 |
| 2 | L-Knie hochziehen, RF kleiner Rutscher rückwärts | | + |
| 3 | LF hop diagonal vorwärts, RF unbelasteter Rutscher rückwärts | | 2 |
| 4 | R-Knie hochziehen, LF kleiner Rutscher rückwärts | | + |

### Variation »Hot Stepper«

| Schritte | Beine | Zähle |
|---|---|---|
| 5 | RF hop diagonal vorwärts, LF unbelasteter Rutscher rückwärts | 3 |
| 6 | L-Knie hochziehen, RF kleiner Rutscher rückwärts | + |
| 7 | RF hop am Platz, LF kick seitwärts | 4 |
| 8 | L-Knie hochziehen, RF kleiner Rutscher rückwärts | + |

**Hinweise:** Es gibt viele Kombinationsmöglichkeiten für diese Schritte:
- Grundversion (1–4, 1–4)
- Variation (5–8) und Wiederholung mit gegengleichen Füßen (5–8)
- Grundversion (1–4) + Variation (5–8) und Wiederholung mit gegengleichen Füßen (1–4, 5–8).

Bei dieser Figur entsteht der Eindruck einer kontinuierlichen Fortbewegung, obwohl sich der Tänzer nicht wesentlich vom Platz wegbewegt.
Alle Schritte werden mit dem typischen HipHop-Bounce, d. h. mit der Betonung in den Boden ausgeführt und können mit leichten oder stärkeren Hops getanzt werden.
Die Armbewegungen werden von den Tänzern individuell gestaltet.

1

2

3

4

1 (Seitenansicht)

2 (Seitenansicht)

## *Half Moon* *Übersteiger*

**Ausgangsposition:** Freie Aufstellung im Raum.

| Schritte | Beine | Arme (Vorschlag) | Zähle |
|---|---|---|---|
| 1 | Sprung mit beiden Füßen in die Grätsche | Arme seitwärts gestreckt | 1 |
| 2 | R-Knie hochziehen, LF Hop mit 1/2 RD | Arme an den Körper heranziehen | + |
| 3 | Sprung mit beiden Füßen in die Grätsche | Arme seitwärts gestreckt | 2 |
| 4 | L-Knie hochziehen, RF Hop mit 1/2 LD | Arme an den Körper heranziehen | + |
| 5 | Sprung mit beiden Füßen in die Grätsche | Arme seitwärts gestreckt | 3 |
| 6 | L-Knie hochziehen, RF Hop mit 1/2 RD | Arme an den Körper heranziehen | + |
| 7 | Sprung mit beiden Füßen in die Grätsche | Arme seitwärts gestreckt | 4 |
| 8 | R-Knie hochziehen, LF Hop mit 1/2 LD | Arme an den Körper heranziehen | + |

**Hinweise:** Die Schritte können in verschiedenen Kombinationen getanzt werden:

- Verdoppelung der Schritte (1–4, 1–4) + (5–8, 5–8)
- Wiederholung der Schritte (1–8, 1–8)
- Kombination (1–4, 1–4) + (5–8, 5–8) + (1–8, 1–8)
- Variation mit **3-fach-Hop** mit 1/1 RD oder 1/1 LD nach einer Grätschposition (siehe Abb. rechts)

Alle Schritte werden mit dem typischen HipHop-Bounce, also mit der Betonung in den Boden ausgeführt und können mit leichten oder stärkeren Hops getanzt werden. Die Armbewegungen können frei variiert werden.

1
2
3
4
5
6
7
8
3-fach-Hop

## ***Woher kommt die Macarena?***

Ende 1995 kam die Gruppe Los Del Rio mit einem Musikvideo zu ihrem neuen Song »Macarena« heraus. Anfang 1996 wurde auf diese Musik von der Kieler ADTV-Tanzlehrerin Uta Waibl der Gruppentanz Macarena vorgestellt. Wenig später wählte man Macarena beim INTAKO (Internationaler Tanzlehrerkongress) in Hamburg zum Tanz des Jahres. Vor 1500 begeisterten Zuschauern und aktiv teilnehmenden Tänzern begann der Siegeszug dieses unterhaltsamen Linientanzes (Line Dance), der wegen seiner mitreißenden Musik zu einem Highlight wurde. Auch noch in den folgenden Jahren, nachdem die Musik aus den Hitlisten verschwunden war, blieb Macarena das Lieblingskind von Bällen, Partys und sonstigen Veranstaltungen (z. B. bei den Olympischen und Paralympischen Spielen 1996 in Atlanta). Die hier beschriebenen Macarena-Variationen gelten als die populärsten und sind leicht nachzutanzen.

**Musik:**
»Macarena«, Los Del Rio; BMG 74321 345372; **CD zum Buch** siehe S. 126

A 1

A 5

A 6

B 1

B 4

B 6

C 6

C 8

C 12

**Ausgangsposition:** Paare oder Einzeltänzer.

| Schritte | Arme/Hände/Hüfte | Zähle |
|---|---|---|
| **VARIATION A:** *Kreisaufstellung, Front zur Mitte* | | |
| 1 | R-Arm nach vorne strecken, Handfläche zeigt nach oben | 1,2 |
| 2 | L-Arm nach vorne strecken, Handfläche zeigt nach oben | 3,4 |
| 3 | R-Hand an R-Ohr legen | 5,6 |
| 4 | L-Hand an L-Ohr legen | 7,8 |
| 5 | R-Hand an R-Hüfte legen | 1,2 |
| 6 | L-Hand an L-Hüfte legen | 3,4 |
| 7 | offene Fußstellung, Becken kreist, Arme bleiben an den Hüften | 5,6,7 |
| 8 | Sprung mit 1/4 LD, Arme bleiben an den Hüften | 8 |
| **VARIATION B:** *Kreisaufstellung, hintereinander in Tanzrichtung* | | |
| 1 | R-Unterarm auf die Schulter des Vorantanzenden legen | 1,2 |
| 2 | L-Unterarm auf die Schulter des Vorantanzenden legen | 3,4 |
| 3 | R-Hand auf die Schulter des Vorantanzenden legen | 5,6 |
| 4 | L-Hand auf die Schulter des Vorantanzenden legen | 7,8 |
| 5 | R-Hand an R-Hüfte des Vorantanzenden legen | 1,2 |
| 6 | L-Hand an L-Hüfte des Vorantanzenden legen | 3,4 |
| 7 | offene Fußstellung, Becken kreist, Arme bleiben an den Hüften | 5,6,7 |
| 8 | Sprung mit 1/4 LD, klatschen | 8 |
| **VARIATION C:** *Linienaufstellung* | | |
| 1 | R-Arm nach vorne strecken, Handfläche zeigt nach unten | 1 |
| 2 | L-Arm nach vorne strecken, Handfläche zeigt nach unten | 2 |
| 3 | R-Arm nach vorne strecken, Handfläche zeigt nach oben | 3 |
| 4 | L-Arm nach vorne strecken, Handfläche zeigt nach oben | 4 |
| 5 | R-Arm auf L-Schulter legen | 5 |
| 6 | L-Arm auf R-Schulter legen | 6 |
| 7 | R-Hand um den Kopf (Shampoo-Bewegung) | 7 |
| 8 | L-Hand um den Kopf (Shampoo-Bewegung) | 8 |
| 9 | R-Hand an L-Hüfte legen | 1 |
| 10 | L-Hand an R-Hüfte legen | 2 |
| 11 | R-Hand an R-Hüfte legen | 3 |
| 12 | L-Hand an L-Hüfte legen | 4 |
| 13 | offene Fußstellung, Becken kreist, Arme bleiben an den Hüften | 5,6,7 |
| 14 | Sprung mit 1/4 LD, klatschen | 8 |

## *Woher kommt der Tango Argentino?*

Der traditionelle **argentinische Tango** entstand um 1880 am Rio de la Plata, an dessen Mündungsdelta Buenos Aires liegt. Wie in einem Schmelztiegel lebten hier die verschiedensten Völker auf engstem Raum nebeneinander, und nicht zuletzt war es ihre »Berührung« (lat.: tangere = berühren), die den Tango hervorbrachte, die Berührung von Körpern, von Gefühlen und Kulturen. Im Tango verschmolzen die kulturellen Traditionen afrikanischer und europäischer Einwanderer mit den ethnischen Besonderheiten der indianischen Ureinwohner. Tango zelebrierte ein Lebensgefühl; die melancholische Stimmung von Einsamkeit und Entwurzelung, von Enttäuschung und Heimatlosigkeit, das daraus resultierende Heimweh und die Liebessehnsucht fanden im Tango ihr emotionales Ventil.

Für die musikalische Ausprägung des Tangos war vor allem ein Instrument von Bedeutung: das Bandoneon. Hinter der spanisch anmutenden Bezeichnung verbirgt sich ein Harmonika-Instrument, das seinen Namen seinem deutschen Erfinder, dem Krefelder Musiklehrer Heinrich Band, verdankt.

In den ersten zwei Jahrzehnten des 20. Jahrhunderts trat der Tango seinen Siegeszug als Modetanz um die Welt an, obwohl er lange Zeit als unschicklich bekämpft wurde. Ab 1929 entwickelte sich ein durch den englischen Bewegungsstil geprägter Tango zum europäischen Gesellschafts- und Turniertanz.

Der ursprüngliche Tango Argentino hingegen blieb von zeitgenössischen Einflüssen lange unberührt und bewahrte bis heute seinen eigenen Charakter. Immer wieder erfuhr Tango Argentino eine Renaissance durch große Tango-Stars wie Carlos Gardel oder Tango-Avantgardisten wie Astor Piazzolla. In den letzten Jahren faszinierten Sally Potters Film »Tango Lesson« (1997), Bühnenproduktionen wie »Tango Pasión« (1998) und anspruchsvolle Tangokonzerte von Juan José Mosalini und seinem Orquesta de Tango oder des Cellisten Yo-Yo Ma.

So wie Tango Argentino noch heute in den Kneipen, Salons und auf den Straßen von Buenos Aires getanzt wird, begeistert er durch seine subtile Erotik und Raffinesse. Der »Tanz der Sinne« lebt von der Spannung zwischen Mann und Frau, vom improvisierten Spiel ihrer Beine, die zärtlich streicheln und rasant »hakeln« können, und der Nähe bzw. Distanz der Figuren.

**Musik:**

2/4- oder 4/4- oder 3/4-Takt, »The Best Of Tango« (Sony 5099749100725 1998) »Tango Lesson« (Sony 07464-63226-2 1997) »Tango Argentino« (Orchesta Tango Cafe, Sounds Sensational SSCD 001 1990); **CD zum Buch** siehe S. 126.

Fassadenmalerei in der Avenida Independencia/ San Telmo, Buenos Aires.

## Base

## Grundschritt

**Vorher:** Cunita, Ocho vorw., Base oder jede andere Figur, die für den Herrn mit LF endet.
**Ausgangsposition:** Paare in geschlossener Gegenüberstellung, freie Aufstellung im Raum.

### Reverse Start

| Schritte | Herr | Dame | Zähle |
|---|---|---|---|
| 1 | RF rückwärts | LF vorwärts | slow |
| 2 | LF seitwärts, etwas größer als die Dame | RF seitwärts, etwas kleiner als der Herr | slow |

### Salida

| Schritte | Herr | Dame | Zähle |
|---|---|---|---|
| 3 | RF vorwärts, außenseitlich | LF rückwärts | quick |
| 4 | LF vorwärts | RF rückwärts | quick |
| 5 | RF schließen | LF vorkreuzen | slow |

### Closing Finish

| Schritte | Herr | Dame | Zähle |
|---|---|---|---|
| 6 | LF vorwärts, 1/4 LD | RF rückwärts, 1/4 LD | quick |
| 7 | RF seitwärts | LF seitwärts | quick |
| 8 | LF schließen | RF schließen | slow |

**Hinweise:** Der Herr sollte die Dame mit Hilfe der Tanzhaltung so deutlich führen, dass sie ohne Absprache den Führungsimpulsen folgen kann.
Bei den Schritten 1 und 2 soll der jeweils unbelastete Fuß das Standbein kurz ohne Gewicht berühren.
Zwischen den Schritten 1 und 2 ist eine zusätzliche 1/4 LD möglich.
Alternative Rhythmuseinteilungen zu den o.g. Figuren sind:

- ss sqq sqq
- qq qqq qqq
- ss sss sss

**Endposition:** Geschlossene Gegenüberstellung, freie Aufstellung im Raum.
**Nachher:** Cunita, Ocho vorwärts, Base oder jede andere Figur, die für den Herrn mit LF endet.

Ausgangs-
position

1

2

3

4

5

6

7

8

## *Cunita* — *Wiegeschritt*

**Vorher:** Base, Cunita, Ocho vorw. oder jede andere Figur, die für den Herrn mit LF endet.

**Ausgangsposition:** Paare in geschlossener Gegenüberstellung, freie Aufstellung im Raum.

| Schritte | Herr | Dame | Zähle |
|---|---|---|---|
| 1 | RF rückwärts | LF vorwärts | quick |
| 2 | LF o. Gew. vorkreuzen | RF o. Gew. hinterkreuzen, | quick |
| 3 | LF vorwärts | RF rückwärts | quick |
| 4 | RF o. Gew. hinterkreuzen | LF o. Gew. vorkreuzen, | quick |
| 5 | RF rückwärts | LF vorwärts | quick |
| 6 | LF o. Gew. vorkreuzen | RF o. Gew. hinterkreuzen, | quick |
| 7 | LF vorwärts | RF rückwärts | quick |
| 8 | RF o. Gew. hinterkreuzen | LF o. Gew. vorkreuzen, | quick |

**Hinweis:** Die Figur kann ohne Drehung oder mit bis zu $^1/_4$ LD getanzt werden.

**Endposition:** Geschlossene Gegenüberstellung, freie Aufstellung im Raum.

**Nachher:** Base, Ocho vorwärts oder jede andere Figur, die für den Herrn mit LF endet.

1

2

3

4

## *Ocho* — *Kehre*

**Vorher:** Base, Cunita, Ocho vorw. oder jede andere Figur, die für den Herrn mit LF endet.

**Ausgangsposition:** Paare in geschlossener Gegenüberstellung, freie Aufstellung im Raum.

### *Reverse Start*

| Schritte | Herr | Dame | Zähle |
|---|---|---|---|
| 1 | RF rückwärts | LF vorwärts | slow |
| 2 | LF seitwärts | RF klein seitwärts | slow |

### *Salida*

| Schritte | Herr | Dame | Zähle |
|---|---|---|---|
| 3 | RF vorwärts, außenseitlich | LF rückwärts | quick |
| 4 | LF vorwärts | RF rückwärts | quick |
| 5 | RF schließen, | LF vorkreuzen, | slow |
| | am Ende 1/8 LD | RF flick nach hinten, 1/8 LD | + |

### *Ocho*

| Schritte | Herr | Dame | Zähle |
|---|---|---|---|
| 6 | LF rückwärts belasten, Oberkörper dreht die Dame | RF vorwärts, außenseitlich 3/8 RD | slow |
| 7 | RF schließen, 1/8 RD | LF ohne Gewicht schließen | + |
| 8 | Oberkörper dreht | LF vorwärts, | slow |
| | die Dame, 1/8 LD | 1/2 LD und RF beschreibt Zirkelkreis | + |

**Hinweise:** Beide Partner beobachten einander während der gesamten Figur.
Zwischen den Schritten 1 und 2 ist eine zusätzliche 1/4 LD möglich.
Die Dame sollte ihre Knie beim Ocho immer leicht gebeugt halten. Es soll das Bild einer liegenden Acht entstehen (»ocho« = acht).

**Endposition:** Geschlossene Gegenüberstellung, freie Aufstellung im Raum.

**Nachher:** Base 6–8, vorwärts oder jede andere Figur, die für den Herrn mit LF beginnt.

1
2
3
4
5
6
7
8
Endposition

## *Woher kommt der Cotton Eye Joe?*

Der Begriff **»Cotton Eye Joe«** bezeichnete ursprünglich einen nordamerikanischen Folkloretanz, der auf eine traditionelle Westernmusik mit gleichem Titel getanzt wurde. Im Sommer 1993 griff die Popgruppe Rednex den Namen Cotton Eye Joe auf und verarbeitete das Thema neu. Begleitet von einem launigen Musikvideo verband die Gruppe den momentanen Technostil humorvoll mit einer etwas absurden Westernatmosphäre. Die Jugend reagierte euphorisch, der Titel hielt sich monatelang auf Platz 1 in den europäischen Hitparaden, und in den Discos versuchten die Besucher die im Film gezeigten Tanzschritte nachzuvollziehen. Daraufhin kreierte eine Gruppe niederländischer Tanzlehrer kurzfristig eine vereinfachte Choreographie. Sie kombinierten geschickt Elemente aus dem Rednex-Video mit traditionellen Figuren, die genau auf die Phrasen des Technotitels zugeschnitten waren. Der Tanz **Cotton Eye Joe** feierte sein Comeback im Technostil und wurde sowohl von den Teens und Twens als auch von den reiferen Tänzern begeistert aufgenommen.

**Musik:**
4/4-Takt (12 Takte Vorspann), »Cotton Eye Joe«, Rednex ZYX 7380-8;
**CD zum Buch** siehe S. 126.

A 8

B 9

C 7

C 11

**Ausgangsposition:** Kreisaufstellung, Front in Tanzrichtung.

| Schritte | Herr/Dame | Zähle |
|---|---|---|
| **TEIL A: Promenade** | | |
| *Paare in Nebeneinanderstellung, Promenadenfassung* | | |
| 1–3 | 3 Gehschritte vorwärts, R-Hände auf Damenschulter | vor, vor, vor |
| 4 | drehen, 1/2 RD | drehn |
| 5–7 | 3 Gehschritte rückwärts, L-Hände auf Damenschulter | rück, rück, rück |
| 8 | Füße schließen | stehn |
| 9–16 | Wiederholung in Gegentanzrichtung mit 1/2 LD | vor, vor, vor, drehn rück, rück, rück, stehn |
| **TEIL B: Allemande** | | |
| *Paare in Gegeneinanderstellung* | | |
| 1–8 | 8 Gehschritte vorwärts, 1/1 R-Rundgang, R-Arme eingehakt | 1,2,3,4, 5,6,7,8 |
| 9–16 | 8 Gehschritte vorwärts, 1/1 L-Rundgang, L-Arme eingehakt | 1,2,3,4, 5,6,7,8 |
| **TEIL C: Dosado** | | |
| *Paare in Gegenüberstellung, ohne Tanzhaltung* | | |
| 1–8 | 8 Gehschritte Dosado rechtsschultrig, am Ende zur Butterflyfassung | 1,2,3,4, 5,6,7,8 |
| 9–12 | LF überkreuzen Toe Tap, LF seitwärts Toe Tap, LF hinterkreuzen Flick, LF seitwärts | kreuz, seit, Flick, stehn |
| 13–16 | RF überkreuzen Toe Tap, RF seitwärts Toe Tap, RF hinterkreuzen Flick, RF seitwärts zur Ausgangsstellung | kreuz, seit, Flick, stehn |

**Hinweis:** Cotton Eye Joe kann entweder mit demselben Partner oder als Partner-Wechseltanz ausgeführt werden. Dabei wechseln die Herren nach Teil B zur nächsten Dame, oder jeder sucht sich irgendwo im Raum einen neuen Partner; im letzteren Fall entfällt Dosado 1–8, weil die Schritte zur Partnersuche verwendet werden.

## ***Woher kommt Lambada?***

Die Popgruppe Kaoma kommt im Sommer 1989 mit dem Musiktitel **Lambada** (Sonne der Tropen) auf den Markt. Der sambaähnliche Rhythmus basiert auf der Merengue und ist deshalb leicht zu tanzen. Über den Grundrhythmus werden noch unterteilte Schläge gespielt, wodurch der Rhythmus noch lebendiger wirkt. Die Musik entwickelt sich umgehend zum Superhit. Auf dem Musikvideo sieht man junge, braun gebrannte Männer und kurz berockte, langbeinige Strandschönheiten, die in einer Strandbar Lambada tanzen.
Wenig später wird auf der Pressekonferenz des ADTV in Ensklösterle **Lambada** als Modetanz der Saison vorgestellt. Lambada wird mit gebeugten Knien getanzt, die Füße stehen immer ein wenig auseinander. Die Tanzhaltung ist erotisierend eng, und die Hüften schwingen entgegengesetzt zu den Schritten deutlich sichtbar hin und her (Opposite Hip). Für die Choreographie sind drei ADTV-Tanzlehrer (Barbara Weber, Rainer Hesse, Jürgen Thiele) verantwortlich. Auch wenn nicht jeder Tänzer die Schritte so tropisch nachvollzieht, bleibt Lambada über die erste Modewelle hinweg ein höchst beliebter und unterhaltsamer Tanz für verschiedene gesellige Anlässe.

**Musik:**
»Lambada«, Kaoma, CBS 655011; **CD zum Buch** und CDs Nr. **5**, **17** siehe S. 126.

1

2

3

## ***Lambada Chassé*** — ***Grundschritt***

**Ausgangs- und Endposition:** Paare in geschlossener Gegenüberstellung Latein oder R-Schattenposition oder Reihenaufstellung, freie Aufstellung.

| Schritte | Herr | Dame | Zähle |
|---|---|---|---|
| 1 | LF seitwärts | RF seitwärts | quick |
| 2 | RF nahe zum LF belasten | LF nahe zum RF belasten | quick |
| 3 | LF seitwärts | RF seitwärts | slow |
| 4 | leichter R-Hip Lift | leichter L-Hip Lift | + |
| 5 | RF seitwärts | LF seitwärts | quick |
| 6 | LF nahe zum RF belasten | RF nahe zum LF belasten | quick |
| 7 | RF seitwärts | LF seitwärts | slow |
| 8 | leichter L-Hip Lift | leichter R-Hip Lift | + |

**Hinweis:** Lambada wird mit leicht gebeugten Knien und etwas breitbeinig getanzt. Das Paar steht in der geschlossenen Gegenüberstellung so »verschachtelt«, dass sich die rechten Knie und Oberschenkel an den Innenseiten berühren. Für den Anfang allerdings empfiehlt sich eine distanziertere Tanzhaltung.
Während der Schritte 1–4 kann die Dame eine 1/1 RD unter dem L-Arm des Herrn drehen (Damensolo).
Der Grundschritt wird leicht rechtsdrehend getanzt.

## Woher kommen Mambo und Salsa?

**Mambo** war zunächst eine Bezeichnung afrokubanischer Musik. Als kubanische Musiker nach USA einwanderten, kam es zur Verflechtung des nordamerikanischen Jazz mit der kubanischen Musik. Der in Kuba geborene Anselmo Sacasas entwickelte 1944 den ersten Musikhit »Mambo«. Der Tanz **Mambo** orientierte sich an den synkopisch geschlagenen Rhythmen (Betonung auf 2 und 4) und griff auf original kubanische Schritte zurück; man sprach von einer Art Rumba-Swing. 1954 wurde Perez Prado mit seinen Mambo-Hits »Mambo Jambo« und »Mambo Nr. 5 und Nr. 8« berühmt, die Tänzer waren von Musik und Bewegung begeistert, hatten jedoch etwas Mühe, den neuen Tanz mit seinen Isolationstechniken und der synkopischen Betonung richtig umzusetzen.

Nach jahrzehntelanger Musikpause verhalf 1987 der Tanzfilm »Dirty Dancing« mit seiner mitreißenden Discomusik und dem tanzenden Hauptdarsteller Patrick Swayze dem Mambo zu einem neuen Boom. Daraufhin entdeckte die Popmusik den Mambo und produzierte viele Musiktitel, die den Mambo etwas härter, schärfer (mit Betonung auf 1 und 3) und moderner klingen ließen. Der Tanzfilm **Salsa** (= heiß, scharf, würzig) gab 1988 dieser neuen Art Mambo zu interpretieren endgültig einen Namen und inspirierte die Tänzer, ihren Tanzstil dieser neuen Musikrichtung anzupassen. Der **Salsero** (Salsa-Tänzer) würzt den Mambo mit lebhafteren Armbewegungen, schnellen Flicks und Kicks sowie besonders schnellen Drehungen, während die Figuren von Mambo und Salsa weitgehend gleich bleiben.

**Musik:**
4/4-Takt; **CD zum Buch** und CDs Nr. **5**, **17** siehe S. 126.

1

2

3

## Basic Movement — Grundschritt

**Vorher:** Basic Movement, Cross Body Lead.

**Ausgangs- und Endposition:** Paare in geschlossener Gegenüberstellung Latein, freie Aufstellung im Raum.

| Schritte | Herr | Dame | Zähle |
|---|---|---|---|
| 1 | LF vorwärts | RF rückwärts | quick |
| 2 | RF rückwärts am Platz belasten | LF vorwärts am Platz belasten | quick |
| 3 | LF schließen (oder klein seitwärts oder klein rückwärts) | RF schließen (oder klein seitwärts oder klein rückwärts) | slow |
| 4 | RF rückwärts | LF vorwärts | quick |
| 5 | LF vorwärts am Platz belasten | RF rückwärts am Platz belasten | quick |
| 6 | RF schließen (oder klein seitwärts oder klein rückwärts) | LF schließen (oder klein seitwärts oder klein rückwärts) | slow |

**Hinweise:** Der Grundschritt kann auch in Doppelhandfassung oder ohne Tanzhaltung, in Gegenüberstellung oder Nebeneinanderstellung, entweder mit gleichen Füßen oder gegengleich getanzt werden.
L-Solodrehungen für abwechselnd den Herrn (1–3) und die Dame (4–6) sind in jeder Tanzhaltung und auch ohne Handfassung zusätzlich möglich.

**Nachher:** Basic Movement, Cross Body Lead.

4

5

6

## Cross Body Lead — Kreuz-Körperführung

**Vorher:** Basic Movement, Cross Body Lead, Stop And Go.

**Ausgangs- und Endposition:** Paare in geschlossener Gegenüberstellung Latein, freie Aufstellung im Raum.

| Schritte | Herr | | Dame | | Zähle |
|---|---|---|---|---|---|
| 1 | LF vorwärts | | RF rückwärts | | quick |
| 2 | RF rückwärts am Platz belasten | | LF vorwärts am Platz belasten | | quick |
| 3 | LF seitwärts, 1/4 LD | | RF vorwärts, leichte RD des Körpers | | slow |
| 4 | RF rückwärts | 1/4 LD | LF vorwärts, außenseitlich | 1/2 LD | quick |
| 5 | LF vorwärts am Platz belasten | | RF seitwärts (oder vorwärts angesetzt und rückwärts endend) | | quick |
| 6 | RF vorwärts | | LF rückwärts | | slow |

**Hinweise:** Cross Body Lead kann in zwei Versionen getanzt werden:
- Auf Schritt 3 führt der Herr die gefassten Hände nach unten, dreht die Dame in eine kleine Twistdrehung nach rechts, zieht sie bei 4 an seinem Körper vorbei nach links und nimmt bei 6 wieder die normale Tanzhaltung ein.
- Schritte 1–3 wie oben beschrieben, bei den Schritten 4–6 löst der Herr die rechte Hand leicht, hebt die gefassten Hände, führt die Dame in eine 1 1/2 LD (»Lady's Turn«) und nimmt bei 6 wieder die normale Tanzhaltung ein (siehe »Krombholz/Leis-Haase, Richtig Tanzen Lateinamerikanische Tänze, 5. Auflage 2000, BLV Verlag München«, S. 138).

**Nachher:** Basic Movement, Cross Body Lead, Stop And Go; weitere Figuren siehe »Richtig Tanzen Lateinamerikanische Tänze«, S. 130–146.

1

2

3

4

5

6

## *Stop And Go* — *Stop und Geh*

**Vorher:** Stop And Go, Basic Movement, Cross Body Lead in Doppelhandfassung endend.

**Ausgangs- und Endposition:** Paare in offener Gegenüberstellung, Doppelhandfassung, freie Aufstellung im Raum.

| Schritte | Herr | Dame | | Zähle |
|---|---|---|---|---|
| 1 | LF rückwärts | RF rückwärts | | quick |
| 2 | RF vorwärts am Platz belasten, L-Arm heben und Dame in LD führen an seine R-Seite | LF vorwärts am Platz belasten | 1/2 LD | quick |
| 3 | LF schließen | RF seitwärts (oder vorwärts angesetzt und rückwärts endend), | | slow |
| 4 | RF vorwärts einspurig, Damendrehung durch Armhaltung stoppen | LF klein rückwärts | | quick |
| 5 | LF rückwärts am Platz belasten, Dame in RD führen | RF vorwärts am Platz belasten | 1/2 RD | quick |
| 6 | RF schließen | LF seitwärts (oder vorwärts angesetzt und rückwärts endend) | | slow |

**Hinweise:** Der Herr findet leichter in den etwas ungewohnten ersten Rückwärtsschritt, wenn vorher 2 × 1–6 **Grundschritte in Doppelhandfassung** getanzt werden. So können sich beide Partner bei 1 kräftig voneinander abdrücken, um wie selbstverständlich in den Stop And Go überzuleiten. Stop And Go sollte mindestens einmal wiederholt werden, bevor man zu einer anderen Figur übergeht.

**Nachher:** Stop And Go, Basic Movement (L-Solodrehungen für abwechselnd den Herrn 1–3 und die Dame 4–6 sind dabei ein geeigneter Übergang, um wieder in die geschlossene Tanzhaltung überzuleiten), weitere Figuren siehe »Richtig Tanzen Lateinamerikanische Tänze«, S.130–146.

**Vorher: Grundschritte in Doppelhandfassung**

**Stop And Go**

## Woher kommt die New Merengue?

**Merengue** (auch Méringue) ist ein beliebter Volkstanz aus Haiti, der Dominikanischen Republik und Puerto Rico. Rhythmisch und melodisch ist die Merengue identisch mit der Habanera. Ursprünglich bewegte sich der Merengue-Tänzer seitlich weg vom Platz (Grundschritt: LF seitwärts, RF schließen, LF seitwärts, RF schließen). Bei allen Schritten wurde das Körpergewicht erst auf den Schreitfuß übertragen, dann die Hüfte verzögert auf die neue Seite gebracht. Merengue tauchte nach dem Zweiten Weltkrieg erstmals in Europa auf, wurde aber erst Anfang der 1980er Jahre durch südamerikanische Popmusikstücke richtig beliebt. Die neue Merengue ist einfach zu tanzen und lässt viel Raum für eigene Phantasiefiguren. Ihre verhältnismäßig stationären Figuren sind stark vom Hustle beeinflusst (Wickelfiguren); die Armhaltung erinnert an Mambo/Salsa.

**Musik:**
$^{2}/_{4}$-Takt oder $^{4}/_{4}$-Takt; **CD zum Buch** und CD Nr. **5** siehe S. 126

**Basic Movement**

**Separation in Pretzel**

4

8

12

16

20

## Separation in Pretzel

**Ausgangsposition:** Paare in geschlossener Gegenüberstellung Latein, freie Aufstellung im Raum.

| Schritte | Herr | Dame |
|---|---|---|
| ***Basic Movement*** | | |
| *Geschlossene Gegenüberstellung, enge Tanzhaltung* | | |
| 1–8 | 8 Gehschritte vorwärts, LRLRLRLR | 8 Gehschritte rückwärts, RLRLRLRL |
| 9–16 | 8 Gehschritte ruckwärts, LRLRLRLR | 8 Gehschritte vorwärts, RLRLRLRL |
| ***Separation in Pretzel*** | | |
| *Offene Gegenüberstellung, Doppelhandfassung, dicht beim Partner* | | |
| 1–4 | 4 Gehschritte rückwärts LRLR | 4 Gehschritte rückwärts RLRL |
| 5–8 | 4 Gehschritte am Platz LRLR, Dame nach R eindrehen | 4 Gehschritte vorwärts RLRL, 1/1 RD in Brezelhaltung |
| 9–12 | 4 Gehschritte vorwärts LRLR, 1/2 RD im Kreis | 4 Gehschritte vorwärts RLRL, 1/2 RD im Kreis |
| 13–16 | 4 Gehschritte am Platz LRLR, 1/4 RD, Dame nach L auswickeln | 4 Gehschritte vorwärts RLRL, 1 1/4 LD in Körbchenhaltung |
| 17–20 | 4 Gehschritte am Platz LRLR, Dame nach R ausrollen, 1/4 RD | 4 Gehschritte vorwärts RLRL, 3/4 RD im Trennung |
| 21–24 | 4 Gehschritte vorwärts LRLR, Dame in TH führen | 4 Gehschritte vorwärts RLRL, zurück in TH |

**Hinweise:** Alle Gehschritte werden mit typischer Merengue Hip getanzt. Die Vorstellung, man würde treppaufwärts gehen, trifft sehr gut die Idee der Grundbewegung.
Der Grundschritt kann auch am Platz getanzt werden, dabei kann die Dame oder auch der Herr abwechselnd eine 1/1 RD oder eine 1/1 LD tanzen.

**Endposition:** Geschlossene Gegenüberstellung Latein, freie Aufstellung im Raum.

## *Woher kommt der Breakdance?*

**Breakdance** entwickelte sich Mitte der 1970er Jahre als Straßentanz im New Yorker Stadtteil South Bronx und wurde von schwarzen und puertorikanischen Jugendlichen erfunden.
**Break** bedeutet Lücke, Bruch in der Musik. Gemeint ist der instrumentale Teil eines Popmusikstückes, bei dem der Rhythmusgruppe eine Art Soloeinlage gestattet wird. Diese Momente in der Musik nutzten die »B-Boys« (Break-Tänzer) jedes Mal zu akrobatischen Tanzeinlagen. Das wiederum inspirierte die DJs dazu, diese Phasen in der Musik durch Einspielung selbst erzeugter Rhythmuspassagen künstlich zu verlängern. Zum Mischen der Breaks benötigten die DJs mindestens zwei Plattenteller, ein Mischpult, einen Verstärker, zwei leistungsstarke Boxen, eine »Beat-Box« (Rhythmusmaschine) und ihre eigene, streng geheime Plattensammlung. Sie schickten abwechselnd den gleichen isolierten Break von zwei identischen Schallplatten mit Hilfe des Reglers am Mischpult über die Lautsprecher.
Weiter versuchten sie, eigene Break-Teile durch **Scratching** zu erzeugen, indem der DJ eine Platte hörbar mit der Hand rückwärts drehte und laute Kratzgeräusche erzeugte, die er durch den »Cross-Fader« (Mischpult-Schieber) in den laufenden Song hineinmixte. Geübte DJs konnten dadurch die Breaks durch geschicktes Mischen z. B. von 30 Sekunden auf fünf Minuten verlängern.
So entstand **Breakdance**, ein Sammelbegriff für alle Tanzstile, die sich auf die tänzerische Interpretation der musikalischen Breaks bezogen. Er bestand aus pantomimischen und aus akrobatischen Elementen. Die jugendlichen Tänzer zeigten Bewegungen wie Gummimenschen, tanzten abgehackte Zuckungen und Pirouetten auf dem gekrümmten Rücken (»Maikäfer«), im Hand- (»Turtle«) oder Kopfstand (»Head Spin«). Zunächst wurde auf »Elektro-Funk-Musik« getanzt, wobei einige Tanzfiguren besonders populär wurden:

- **Electric Boogie** (die Tänzer imitieren Elektroschocks, die ihnen verzögert durch den Körper fahren)
- **Robot Dance** (der Popstar Michael Jackson erfand diese Nachahmung von Roboterbewegungen)
- **Pops** (kurze Muskelkontraktionen am ganzen Körper)
- **Smerves** (Wellen, die der Tänzer durch seinen Körper schickt)

Als in Filmen wie »Staying Alive« und »Flashdance« solche Tanzfiguren auftauchten, wurde Breakdance von der Straßenkultur in die Tanzsäle geholt. Breakdance schaffte zwar nicht den großen Durchbruch zum Publikumsrenner, bildete aber die Grundlage für die HipHop-Bewegung.

**Musik:**
$^4/_4$-Takt, jede rhythmische Popmusik, die instrumentale Teile (Breaks) enthält; **CD zum Buch** siehe S. 126.

Michael Jackson Smerf

Head Spin

Air Freeze

Vorbereitung zum Korsa

Korsa einfach

Korsa doppelt

Freeze

69-er

Turtle

## *Woher kommt der Ententanz?*

Musikalischer Vorläufer des Ententanzes war der Titel »Tschip Tschip« von den Elektronic Butterflies (Single, Hansa international 13233) aus dem Jahre 1975. Die Gruppe Electronicas kam im März 1981 mit einer Neuaufnahme der gleichen Melodie und dem Titel **Dance Little Bird** (Philipps) heraus. Der Titel wurde umgehend zum Erfolgsschlager, war acht Wochen lang Hit Nr. 1 und 51 Wochen in den Hitparaden.
Auf »Dance Little Bird« entwarf eine Gruppe von ADTV-Tanzlehrern beim INTAKO 1981 in Hamburg einen für Kinder und Erwachsene gleich unterhaltsamen Tanz, den **Vogeltanz.** Mit der schlichten Musik und seiner einfachen, pantomimischen Choreographie wurde dieser Tanz umgehend zum absoluten Saisonrenner. Aus einem kleinen Gag war einer der erfolgreichsten Modetänze geworden. Der Vogeltanz wurde vom Publikum vielleicht wegen der etwas schwerfälligen Flügelschlagbewegungen in **Ententanz** umbenannt und sowohl in Discotheken wie auf Bällen begeistert getanzt.

**Musik:**
»Dance Little Bird«; **CD zum Buch** und CDs Nr. **12, 16** siehe S. 126.

A 1

A 5

A 6

**Ausgangs- und Endposition:** Paare in Gegenüberstellung oder Einzelaufstellung, freie Aufstellung im Raum.

| Schritte | Herr/Dame | Zähle |
|---|---|---|
| **TEIL A** | | |
| 1–4 | 4 × »Schnabelbewegung« | 1,2,3,4 |
| 5–8 | 4 × »Chicken-Wing« (Flügelschlagen) | 1,2,3,4 |
| 9–12 | 4 × Twist LRLR bei geschlossenen Füßen | 1,2,3,4 |
| 13–16 | 4 × in die Hände klatschen | 1,2,3,4 |
| **TEIL B** | | |
| 1–8 | 8 Geh-, Lauf- oder Hüpfschritte, 1/1 R-Rundgang, R-Arme eingehakt | 1,2,3,4, 5,6,7,8 |
| 9–16 | 8 Geh-, Lauf oder Hüpfschritte, 1/1 L-Rundgang, L-Arme eingehakt | 1,2,3,4, 5,6,7,8 |

**Hinweise:** Der Teil A wird so häufig wiederholt, wie die Musik eine Vogelimitation vorgibt. Teil B wird dann, auch mit mehreren Wiederholungen, auf den orchestralen Zwischenteil getanzt. (Die Orchester gestalten die beiden musikalischen Teile oft in unterschiedlicher Länge.)
Die Schritte von Teil B werden in der Grundversion mit einem beliebigen Partner getanzt. Der Tanz wird besonders belebend, wenn bei der Wiederholung von Teil B immer mit neuen Tanzpartnern getanzt wird.

A 9

B 1

## Woher kommt der Night Fever?

**»Saturday Night Fever«** war ein Filmhit, durch den 1977 die langjährig erfolgreiche Popgruppe »Bee Gees« zu Musikmillionären und der vierundzwanzigjährige Hauptdarsteller John Travolta zum Discokönig wurden. Der Film löste ein regelrechtes Tanzfieber aus. Wenn in den Discotheken die Filmmusik »Night Fever« und »Staying Alive« von den Bee Gees gespielt wurden, stürmten die Begeisterten auf das Parkett und zelebrierten den Linientanz **Night Fever**. Besonders populär wurde der aus dem Film bekannte Schritt »Saturday Night Swinger«, eine Arm-/Hüftbewegung, die der Tanzstar Travolta in seinen Solotanzpassagen im Film überzeugend darstellte. Nach dem Filmerfolg rollte eine über zehn Jahre dauernde Discowelle über die Tanzflächen. Mit Night Fever entstand sowohl im Solo-Dancing (Breakdance) als auch im Touch-Dancing (Discofox/Hustle) eine neue Bewegungskultur.

**Musik:**
$^4/_4$-Takt, »Night Fever«, »Staying Alive«, Bee Gees und jeder Poptitel im mittleren Tempo; **CD zum Buch** und CD Nr. **17** siehe S. 126.

A 8

B 1

B 11

B 12

B 19

B 20

**Ausgangsposition:** Linienaufstellung, ggf. zwei Linienblöcke in Gegenüberstellung.

| Schritte | Füße | Arme/Hüfte/Kopf | Zähle |
|---|---|---|---|
| **TEIL A** | | | |
| 1–3 | 3 Gehschritte rückw. RLR | | 1,2,3 |
| 4 | LF seitw.Tap | 1 × klatschen | klatsch |
| 5–7 | 3 Gehschritte vorw. LRL | | 1,2,3 |
| 8 | RF seitw. Tap | 1 × klatschen | klatsch |
| 9–11 | 3 Gehschritte seitw. RLR, 1/1 RD | | 1,2,3 |
| 12 | LF seitw. Tap | 1 × klatschen | klatsch |
| 13–15 | 3 Gehschritte seitw. LRL, 1/1 LD | | 1,2,3 |
| 16 | RF seitw. Tap | 1 × klatschen | klatsch |
| **TEIL B** | | | |
| 1,2,3 | RF Kick, R-Ballen rückw., LF am Platz belasten (Kick Ball Change) | Arme in Gegenbewegung | 1+2, |
| 4,5,6 | Wiederholung 1–3 | Arme in Gegenbewegung | 3+4 |
| 7–10 | 4 kleine Gehschritte vorw. RLRL | Soul Hip | 5,6,7,8 |
| 11 | beide Füße in offener Fußstellung, Knie leicht gestreckt | R-Arm diagonal R-oben L-Hip Shake, L-Hand eingestützt | 1 |
| 12 | beide Füße in offener Fußstellung, Knie leicht gebeugt | R-Arm zum Körper senken, R-Hip-Shake, L-Hand eingestützt, Blick und Kopf folgen der Beweg. nach L-unten | 2 |
| 13–18 | 3 × Wiederholung 11–12, (Saturday Night Swinger) | s. o. | 3,4,5, 6,7,8 |
| 19 | Füße schließen | Poly-Poly (Wollewickeln) | 1+2+ |
| 20 | 2 × Fersen öffnen-schließen | 2 × Chicken-Wing (Flügelschlagen) | 3+4+ |
| 21 | 3 × RF Ball Tap vor, rück, vor | Arme in Gegenbeweg. | 5,6,7 |
| 22 | R-Knie anwinkeln, 1/4 LD | R-Arm zeigt steil nach oben | 8 |

**Hinweis:** 3 × Wiederholung A und B, jeweils in eine andere Himmelsrichtung.

## *Woher kommt der Bus Stop?*

**»Bus Stop«** ist ein Linientanz aus den USA, der auch unter den Namen »The Roach«, »The Walk« oder »The Line« bekannt war. Er gilt als Vorläufer des legendären Reihentanzes »Night Fever« und wurde in Deutschland auf dem INTAKO (Internationaler Tanzlehrer Kongress) in Hamburg 1976 erstmals von der Wiesbadener Tanzlehrerin Barbara Weber vorgestellt. Außer **Bus Stop** gab es noch die Variationen **Chicago Bus Stop** und **Los Angeles Bus Stop.**

Das Schrittgerüst von Bus Stop ist leicht zu erlernen und trotzdem auch für fortgeschrittene Tänzer interessant. Man tanzt ihn in alle vier Himmelsrichtungen und hat, ähnlich wie bei anderen Linientänzen, die Möglichkeit, seine eigenen Körper- und Armbewegungen zu entwickeln und frei zu improvisieren.

**Musik:**
4/4-Takt, jede Popmusik im mittleren Tempo; **CD zum Buch** siehe S. 126.

**Ausgangsposition:** Linienaufstellung, ggf. zwei Linienblöcke in Gegenüberstellung.

| Schritte | Füße, Knie | Arme/Hände/Hüfte | Zähle |
|---|---|---|---|
| **TEIL A** | | | |
| 1–4 | 3 Gehschritte rückwärts RLR,<br>LF rückwärts oder seitwärts Tap | klatschen bei Tap,<br>Latin Hip | 1,2,3,4 |
| 5–8 | 3 Gehschritte vorwärts LRL,<br>RF vorwärts oder seitwärts Tap | klatschen bei Tap,<br>Latin Hip | 5,6,7,8 |
| 9–12 | RF seitwärts, LF vorkreuzen,<br>RF seitwärts, LF schließen Tap | klatschen bei Tap,<br>Latin Hip | 1,2,3,4 |
| 13–16 | LF seitwärts, RF vorkreuzen,<br>LF seitwärts, RF schließen Tap | klatschen bei Tap,<br>Latin Hip | 5,6,7,8 |
| **TEIL B** | | | |
| 1 | RF kleiner Sprung vorwärts,<br>gleichzeitig LF schließen Tap | Hip Shake RLRL,<br>klatschen bei 2 | +1+2 |
| 2 | LF kleiner Sprung rückwärts,<br>gleichzeitig RF schließen Tap | Hip Shake RLRL,<br>klatschen bei 4 | +3+4 |
| 3 | RF kleiner Sprung vorwärts,<br>gleichzeitig LF schließen Tap | | +5 |
| 4 | LF kleiner Sprung rückwärts,<br>gleichzeitig RF schließen Tap | | +6 |
| 5–6 | 2 × Fersen öffnen-schließen | 2 × »Chicken Wing«<br>(Flügelschlagen) | +7,+8 |
| **TEIL C** | | | |
| 1–4 | 2 × RF vorwärts Heel Tap,<br>2 × RF rückwärts Toe Tap | L-Arm vorwärts<br>R-Arm vorwärts | 1,2,3,4 |
| 5 | RF vorwärts Heel Tap | L-Arm vorwärts | 5,6,7 |
| 6 | RF rückwärts Toe Tap | R-Arm vorwärts | |
| 7 | RF seitwärts Ball Tap | L-Arm vorwärts | |
| 8 | R-Knie anwinkeln, 1/4 LD | klatschen | 8 |

**Hinweis:** 3 × Wiederholung der Teile A, B und C, jeweils in eine andere Himmelsrichtung.

## Woher kommt der Chicago City?

**»Chicago City«** verrät bereits im Namen seinen nordamerikanischen Ursprung und wurde 1970 in Europa populär. Er ist ein Linientanz, der in zwei Richtungen getanzt wird. Der Dauerbrenner unter den Linientänzen ist zwar für Anfänger nicht ganz einfach, aber besonders abwechslungsreich durch den Seitenwechsel am Ende der Schrittfolge.
Das Schrittmuster bietet fortgeschrittenen Tänzern außerdem die Möglichkeit, die Schrittfolge mit Isolationstechniken noch interessanter zu gestalten und die Raumrichtungen frei zu improvisieren.

**Musik:**
4/4-Takt, jede Popmusik im mittleren Tempo; **CD zum Buch** siehe S. 126.

A 1

A 7

B 2

B 4

B 8

**Ausgangsposition:** Linienaufstellung (auch in Paaren, entweder in Gegenüber- oder Nebeneinanderaufstellung).

| Schritte | Füße, Knie | Arme/Hände/Hüfte | Zähle |
|---|---|---|---|
| **TEIL A** | | | |
| 1–3 | RF kick, R-Ballen rückwärts, LF am Platz belasten | Arme in Gegenbewegung | 1+2 |
| 4-6 | RF kick, R-Ballen rückwärts, LF am Platz belasten | Arme in Gegenbewegung | 3+4 |
| 7 | nach 1/4 LD, RF seitwärts zur offenen Fußstellung | R-Hip Rock Arme nach L schwingen | 5 |
| 8–10 | LRL belasten | Hip Rock LRL, Arme RLR schwingen | 6,7,8 |
| **TEIL B** | | | |
| 1 | RF vorwärts, 1/4 RD | Arme zeigen nach unten | 1 |
| 2 | L-Knie heben, 1/4 RD, | L-Schulterführung, L-Hip Lift, Arme hochstrecken | 2 |
| 3 | LF seitwärts | L-Schulterführung, Arme seitwärts senken | 3 |
| 4 | RF hinterkreuzen | L-Schulterführung, Arme hinter Rücken senken | 4 |
| 5 | LF vorwärts, 1/4 LD, Knie strecken | Arme zeigen nach unten | 5 |
| 6 | R-Knie heben, 1/4 LD, | R-Hip Lift, Arme hoch | 6 |
| 7 | RF rückwärts, 1/4 LD | Arme senken | 7 |
| 8 | LF schließen | klatschen | 8 |

**Endposition:** Alle Tänzer enden 1/2 Drehung nach links. Die gegenüberstehenden Reihen oder Partner haben die Plätze in Teil B getauscht. Nach der Wiederholung der Teile A und B kommen die Tänzer wieder in Ausgangsposition an.

## Woher kommt der Discofox?

Nach der Einzeltanzepoche (Solo-Dancing), der Beatwelle der 1960er Jahre, entstand mit der Philadelphia-Sound-Musik 1973/74 Bedarf, sich wieder paarweise zu bewegen (Touch-Dancing, Together-Dancing). Aus dem Versuch, auf die schnellen, modernen Rhythmen Foxtrott zu tanzen, entwickelte sich in Deutschland eine verkürzte Foxtrottform, der **Beat-Fox** oder **Swing-Fox**. Er wurde zunächst mit Figuren aus Boogie und Swing getanzt. Später, als in den 1980er Jahren die Discowelle Europa erfasste, passten die Tänzer auch Bewegungsstil und Tanzhaltung dieser neuen, temperamentvollen Musik an. Man nannte den Schritt **Discofox** oder **Discoswing** und übernahm interessante Figuren aus dem gleichzeitig in Amerika entstandenen Hustle.
Im Gegensatz zum Standardtanz Foxtrott war Discofox ein stationärer Tanz, bei dem die Schritte vor allem zum Drehen an der Stelle und für Wickelfiguren verwendet wurden.
Die Tanzhaltung konnte entweder mit oben oder unten gefassten Händen eingenommen werden, bei »Tap« öffnete man in leichter Promenadenstellung.
Inzwischen haben sich sowohl der Begriff **Discofox** als auch der Tanz mit verschiedenen Musikwellen weiterentwickelt. Der erfolgreiche Modetanz Discofox ist mit dem amerikanischen Hustle zu Discofox/Hustle verschmolzen und besitzt bereits klassischen Charakter. Seit Jahren werden Discofox/Hustle im Welttanzprogramm in den ADTV-Tanzschulen unterrichtet, es finden weltweit Discofox/Hustle-Tanzturniere statt, und bei Freizeittänzern sind beide Tänze weit bekannt und höchst beliebt.

**Musik:**
4/4-Takt, »The Sound Of Philadelphia« (MFSB), »When Will I See You Again« (The Three Degrees), »I Will Survive« (Gloria Gaynor) und jede andere Popmusik, »The Hustle« Van McCoy im mittleren und schnellen Tempo; **CD zum Buch** und CDs Nr. **7, 20** siehe S. 126.

**Vorwärts**

1

2

3

## Discofox Basic — Discofox Grundschritt

**Ausgangsposition:** Paare in geschlossener Gegenüberstellung Latein oder in offener Gegenüberstellung (Doppelhandfassung oder Herr L-Hand/ Dame R-Hand), freie Aufstellung im Raum.

### Vorwärts

| Schritte | Herr | Dame | Zähle |
|---|---|---|---|
| 1 | LF vorwärts | RF rückwärts | 1 |
| 2 | RF vorwärts | LF rückwärts | 2 |
| 3 | LF Tap | RF Tap | 3 |

### Rückwärts

| Schritte | Herr | Dame | Zähle |
|---|---|---|---|
| 1 | LF rückwärts | RF vorwärts | 1 |
| 2 | RF rückwärts | LF vorwärts | 2 |
| 3 | LF Tap | RF Tap | 3 |

### Seitwärts

| Schritte | Herr | Dame | Zähle |
|---|---|---|---|
| 1 | LF seitwärts | RF seitwärts | 1 |
| 2 | RF am Platz belasten | LF am Platz belasten | 2 |
| 3 | LF Tap | RF Tap | 3 |

**Hinweise: Vorwärts- und Rückwärts-Grundschritt** werden in der Regel abwechselnd getanzt. Weiterhin kann der Herr durch Aneinanderreihen mehrerer Vorwärts-Grundschritte seine Dame an jeden gewünschten Punkt auf der Tanzfläche steuern (Schiebereffekt).
Mit Hilfe des **Seitwärts-Grundschrittes** kann man am Platz rechtsdrehen. Hierbei greift der Herr bei Schritt 1 stark um die Dame herum. Die Dame tanzt bei Schritt 1 vorwärts zwischen die Füße des Herrn, greift bei 2 um den RF des Herrn herum, öffnet bei Tap in Promenadenstellung und dreht den Kopf kurz nach rechts.
Alle Tap-Schritte können sowohl zum Standfuß schließend oder seitwärts oder leicht rückwärts mit leichter Promenadenstellung getanzt werden. Fortgeschrittene Tänzer beginnen den Grundschritt oftmals mit dem Tap.

## *Woher kommt der Hustle?*

Gleichzeitig mit dem in Deutschland entstandenen Discofox entwickelten sich 1973/74 in den USA verschiedene Hustle-Formen. Eine Art entstand als Fortsetzung des »Philadelphia Rock«, der **Disco-Hustle**. Dieser besaß Ähnlichkeiten mit dem Double-Time-Rock und wurde auf den üblichen Discosound getanzt. Als weitere Form entwickelten die Puertorikaner in New York den anspruchsvollen **Latin-Hustle**, der auf Salsoul-Musik (Discomusik mit Salsa-Einfluss) mit schnellen Drehungen und komplizierten Wickelfiguren getanzt wurde. Ab 1979 kam dann der **International Hustle** oder **Three Count Hustle** auf, der dem in Deutschland weit verbreiteten Discofox verwandt war: Ball-Change-Schritt-Schritt. Man tanzte Hustle damals und heute auf nahezu alle Popmusikstücke, die im mittleren Tempo gespielt wurden. Der International Hustle setzte sich langfristig auch in Deutschland durch, wenn auch in leicht veränderter Form. Könner beginnen auch heute den Hustle wie die amerikanischen Hustle-Tänzer mit »Ball-Change«. Für Normalverbraucher ist der Grundschritt einfacher zu tanzen, wenn man mit den langsamen Seitschritten beginnt: Schritt-Schritt-Ball-Change. Auf diese Weise ist außerdem ein Vermischen von Discofox- und Hustle-Figuren möglich. Man beginnt in lockerer Latein-Tanzhaltung mit teilweise gesenkten Händen und öffnet bei »Ball Change« in leichter Promenadenstellung. Ball Change kann auch seitwärts getanzt oder durch schließen-vorwärts bei 3,4 ersetzt werden. Wickelfiguren werden in der Regel in offener Gegenüberstellung, mit unterschiedlichen Handhaltungen und intensivem Körpereinsatz getanzt.

**Musik:**
4/4-Takt, »The Hustle« Van McCoy; »The Hustle« (The Hustlers CD-0088425 MRO) und jeder andere Poptitel im langsamen und mittleren Tempo; **CD zum Buch** siehe S. 126.

**Seitwärts**

## Hustle Basic

## Hustle Grundschritt

**Ausgangs- und Endposition:** Paare in geschlossener Gegenüberstellung Latein beim Seitwärts-Grundschritt oder in offener Gegenüberstellung (Doppelhandfassung oder Herr L-Hand/Dame R-Hand) beim Zueinander-, Auseinander-Grundschritt; freie Aufstellung im Raum.

### *Seitwärts*

| Schritte | Herr | | Dame | | Zähle |
|---|---|---|---|---|---|
| 1 | LF seitwärts | | RF seitwärts | | 1 |
| 2 | RF am Platz belasten | | LF am Platz belasten | | 2 |
| 3 | L-Ballen diag. hinter RF | Ball Change | R-Ballen diag. hinter LF | Ball Change | + |
| 4 | RF zurückbelasten | | LF zurück belasten | | 3 |

### *Zueinander-Auseinander*

| Schritte | Herr | | Dame | | Zähle |
|---|---|---|---|---|---|
| 1 | LF vorwärts | | RF vorwärts | | 1 |
| 2 | RF am Platz belasten | | LF am Platz belasten | | 2 |
| 3 | L-Ballen diag. hinter RF | Ball Change | R-Ballen diag. hinter LF | Ball Change | + |
| 4 | RF zurückbelasten | | LF zurückbelasten | | 3 |

**Hinweis:** Anfänger können alle vier Hustle Grundschritte gleich lang, also »qqqq« tanzen!

**Zueinander – Auseinander**

## *Lady's Turn* — *Damensolo*

**Vorher:** Discofox Grundschritt oder Hustle Grundschritt, Lady's Turn, Tuck In.

**Ausgangsposition:** Paare in geschlossener Gegenüberstellung Latein, freie Aufstellung im Raum.

| Schritte | Herr | | Dame | | Zähle |
|---|---|---|---|---|---|
| 1 | LF vorkreuzen | | RF vorwärts, 1/4 RD | | 1 |
| 2 | RF seitwärts, 1/4 LD | | LF diag. rückwärts, 1/2 RD | | 2 |
| 3 | L-Ballen diag. hinter RF | Ball Change | R-Ballen diag. hinter LF | Ball Change | + |
| 4 | RF zurückbelasten | | LF zurückbelasten | | 3 |
| 5 | LF seitwärts | | RF seitwärts, 1/4 LD | | 1 |
| 6 | RF vorkreuzen, 1/4 RD | | LF dg. rückwärts, 1/2 LD | | 2 |
| 7 | L-Ballen seitwärts | Ball Change | R-Ballen diag. hinter LF | Ball Change | + |
| 8 | RF zurückbelasten | | LF zurückbelasten | | 3 |

**Hinweis:** Diese Figur kann auch mit dem Discofox Grundschritt getanzt werden.

**Endposition:** Offene Gegenüberstellung (Herr L-Hand/Dame R-Hand), freie Aufstellung im Raum.

**Nachher:** Discofox Grundschritt bzw. Hustle Grundschritt, Tuck In, Windmill, He Goes/She Goes.

1

2

3, 4

5

6

7, 8

## Tuck In / Throw Out — Hin und Weg

### Tuck In

**Vorher:** Discofox Grundschritt, Hustle Grundschritt, Lady's Turn, Throw Out, Windmill, He Goes/She Goes.
**Ausgangsposition:** Paare in offener Gegenüberstellung (Herr L-Hand/Dame R-Hand), freie Aufstellung im Raum.

| Schritte | Herr | | Dame | | Zähle |
|---|---|---|---|---|---|
| 1 | LF seitwärts | | RF vorwärts | | 1 |
| 2 | RF vorkreuzen 1/4 RD | | LF seitwärts 3/4 RD | | 2 |
| 3 | L-Ballen seitwärts | Ball | R-Ballen seitwärts LF | Ball | + |
| 4 | RF zurückbelasten | Change | LF zurückbelasten | Change | 3 |

**Endposition:** Geschlossene Gegenüberstellung Latein, freie Aufstellung im Raum.
**Nachher:** Discofox Grundschritt, Hustle Grundschritt, Lady's Turn, Throw Out.

### Throw Out

**Vorher:** Discofox Grundschritt, Hustle Grundschritt, Tuck In.
**Ausgangsposition:** Paare in geschlossener Gegenüberstellung Latein, freie Aufstellung im Raum.

| Schritte | Herr | | Dame | | Zähle |
|---|---|---|---|---|---|
| 1 | LF vorkreuzen | | RF vorwärts, 1/4 LD | | 1 |
| 2 | RF seitwärts, 1/4 LD | | LF rückwärts | | 2 |
| 3 | L-Ballen diag. hinter RF | Ball | R-Ballen dg. hinter LF | Ball | + |
| 4 | RF zurückbelasten | Change | LF zurückbelasten | Change | 3 |

**Nachher:** Discofox Grundschritt, Hustle Grundschritt, Tuck In, Windmill, He Goes/She Goes.
**Endposition:** Offene Gegenüberstellung (Herr L-Hand/Dame R-Hand), freie Aufstellung im Raum.
**Hinweise:** Beide Figuren werden gerne mehrmals hintereinander und mit kontinuierlicher Rechtsdrehung getanzt.
Wenn Throw Out direkt folgt, dreht die Dame nach Tuck In bei Schritt 1 eine 3/4 LD.

1

2

**Tuck In**

3, 4

1

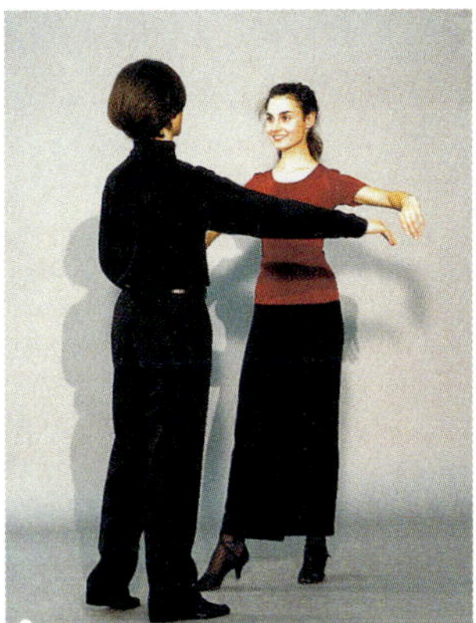
2

**Throw Out**

3, 4

## *Windmill* — *Windmühle*

**Vorher:** Discofox Grundschritt, Hustle Grundschritt, Lady's Turn, Throw Out, Windmill, He Goes/She Goes.

**Ausgangsposition:** Paare in offener Gegenüberstellung, Doppelhandfassung, freie Aufstellung im Raum.

| Schritte | Herr | Dame | Zähle |
|---|---|---|---|
| 1 | LF seitwärts um den RF der Dame herumgreifend, 1/4 RD | RF vorwärts zwischen die Füße des Herrn, 1/4 RD | 1 |
| 2 | RF am Platz belasten, 1/4 RD | LF diag. rückwärts, 1/4 RD | 2 |
| 3 | L-Ballen seitwärts } Ball Change | R-Ballen diag. hinter LF } Ball Change | + |
| 4 | RF zurückbelasten } Ball Change | LF zurückbelasten } Ball Change | 3 |

**Hinweise:** Bei der **Windmühle** werden die gefassten Hände bei 1 wie Flügel seitwärts gehalten, wobei die Partner am Ende von Schritt 1 fast Körperkontakt haben.
Die Figur kann auch in geschlossener Gegenüberstellung und normaler Tanzhaltung getanzt werden und wird dann **Rechtsdrehung** genannt. Hierbei dreht die Dame bei 3,4 den Kopf kurz nach rechts, bevor sie beim nächsten Schritt wieder in die Gegenüberstellung zum Herrn dreht.
Tanzt man diese Figur im Discofox Grundschritt, so wird sie etwas weniger gedreht.

**Endposition:** Paare in offener Gegenüberstellung, Doppelhandfassung, freie Aufstellung im Raum.

**Nachher:** Discofox Grundschritt bzw. Hustle Grundschritt, Tuck In, Windmill, He Goes/She Goes.

**Ausgangsposition**

1

2

3, 4

## He Goes/She Goes — Er Dreht/Sie Dreht

**Vorher:** Discofox Grundschritt bzw. Hustle Grundschritt, Lady's Turn, Throw Out, Windmill, He Goes/She Goes.

**Ausgangsposition:** Paare in offener Gegenüberstellung (Doppelhandfassung oder Herr L-Hand/Dame R-Hand), frei im Raum.

### He Goes

| Schritte | Herr | | Dame | | Zähle |
|---|---|---|---|---|---|
| 1 | LF vorkreuzen, 1/4 LD | | RF vorwärts, 1/2 RD | | 1 |
| 2 | RF rückwärts, 1/4 LD | | LF diag. rückwärts | | 2 |
| 3 | L-Ballen diag. hinter RF | Ball Change | R-Ballen diag. hinter LF | Ball Change | + |
| 4 | RF zurückbelasten | | LF zurückbelasten | | 3 |

### She Goes

| Schritte | Herr | | Dame | | Zähle |
|---|---|---|---|---|---|
| 1 | LF vorwärts, 1/2 RD | | RF seitwärts, 1/4 LD | | 1 |
| 2 | RF rückwärts | | LF rückwärts, 1/4 LD | | 2 |
| 3 | L-Ballen diag. hinter RF | Ball Change | R-Ballen diag. hinter LF | Ball Change | + |
| 4 | RF zurückbelasten | | LF zurückbelasten | | 3 |

**Hinweis:** He Goes/She Goes kann in beliebiger Reihenfolge mehrfach hintereinander getanzt werden.

**Endposition:** Offene Gegenüberstellung (Doppelhandfassung oder Herr L-Hand/Dame R-Hand), frei im Raum.

**Nachher:** Discofox Grundschritt bzw. Hustle Grundschritt, Tuck In, Windmill, He Goes/She Goes.

1

2

He Goes

3, 4

1

2

She Goes

3, 4

## *Woher kommen Beat und Soul?*

**Beat** (englisch = Schlag) bezeichnet in der Musik den gleichmäßigen Schlagablauf, die metrische Grundlage des Jazz. Die Beatmusik entstand in England ca. 1960 als Ableger des Jazz. Die weltbekannten »Beatles« überzeugten auf ihrer ersten USA-Tour, dass auch weiße Musiker schwarze Musik spielen können.
Sie trugen zum Entstehen neuer Tänze bei, die in den Discotheken insbesondere zwischen 1964 und 1966 rund um die Welt Eingang fanden. Tänzerische Neuheiten revolutionierten alles bisher Dagewesene. Zur Entwicklung der modernen Bewegungstechniken haben wesentlich die New Yorker Spezialistin für »Discotheque-Routine« June La Berta sowie die deutschen ADTV-Tanzlehrer Barbara Weber und Hubert Haag beigetragen. Die neuen Bewegungsformen wurden weitgehend dem Jazz Dance nachempfunden, die Terminologie dem Tap Dance (Stepptanz) entlehnt und die Bezeichnung der Figuren anfangs von aktuellen Schallplattentiteln (u. a. »Funky Broadway«, »Pearl«, »Tighten up«) übernommen.
Die Wiege des weicheren Musikstils, des **Souls**, ist bei den farbigen Musikern von Harlem ca. 1967 zu finden und hat in Nordamerika in vielen Städten heute noch seine Zentren (z. B. in Chicago City). Die fließenderen Tanzformen des Souls bildeten in den Jahren 1967 bis 1972 einen Kontrast zu den harten Beatformen. Vor allem die jungen Tänzer waren von den Beat-, Soul- und Discotänzen fasziniert. Beat- und Soultechniken haben die Schrittmuster von unzähligen Tanzfiguren beeinflusst und bildeten die Basis für die gesamte Discowelle. Ein tiefgreifender Einschnitt in die Tanzkultur ist dadurch entstanden und hat die wichtigsten Grundlagen für alle modernen Tänze unserer Zeit geschaffen.

**Musik:**
4/4-Takt, jede Beat-/Soulmusik; **CD zum Buch** siehe S. 126.

**Zweischrittige Kombination**

1

2 Tap

2 Kick

2 Flick

## Side Steps

## Seit-Grundschritte

**Ausgangsposition:** Freie Aufstellung im Raum.

### Zweischrittige Kombinationen

| Schritte | Füße | Arme | Zähle |
|---|---|---|---|
| 1 | LF seitwärts | in Gegenbewegung | seit |
| 2 | RF fast schließen Tap | in Gegenbewegung | Tap |
| 3,4 | Wiederholung 1–2 gegengleich | | |

**Hinweis:** Variationen bei 2 statt schließen RF vor- oder hinterkreuzen Tap und bei 4 LF vor- oder hinterkreuzen Tap. Anstelle der Taps können auch Kicks oder Flicks getanzt werden.

### Vierschrittige Kombinationen

| Schritte | Füße | Arme | Zähle |
|---|---|---|---|
| 1 | LF seitwärts | in Gegenbewegung | seit |
| 2 | RF schließen | in Gegenbewegung | schließ |
| 3 | LF seitwärts | in Gegenbewegung | seit |
| 4 | RF fast schließen Tap | in Gegenbewegung | Tap |
| 5–8 | Wiederholung 1–4 gegengleich | | |

**Hinweis:** Variationen bei 4 statt schließen RF vor- oder hinterkreuzen Tap und bei 8 LF vor- oder hinterkreuzen Tap. Anstelle der Taps können auch Kicks oder Flicks getanzt werden.

### Dreischrittige Kombinationen

| Schritte | Füße | Arme | Zähle |
|---|---|---|---|
| 1 | LF seitwärts | in Gegenbewegung | seit |
| 2 | RF fast schließen mit $1/2$ Gewicht | in Gegenbewegung | schließ |
| 3 | LF seitwärts | in Gegenbewegung | seit |
| 4–6 | Wiederholung 1–3 gegengleich | | |

**Hinweis:** Variation als Wisk bei 1 LF seitwärts, 2 RF hinterkreuzen mit $1/2$ Gewicht, 3 LF am Platz belasten (seit – kreuz – Platz), Wiederholung 4–6 gegengleich.

## Hips — Hüftbewegungen

### Soul Hip

| Schritte | Füße | Zähle |
|---|---|---|
| 1 | LF seitwärts ohne Gewicht, Hüfte halbkreisförmig vorwärts seitwärts nach links schieben, dann erst LF belasten | seit |
| 2 | RF seitwärts ohne Gewicht, Hüfte halbkreisförmig vorwärts seitwärts nach rechts schieben, dann erst RF belasten | seit |

**Hinweis:** Erst die Hüftbewegung, dann die Beinbelastung! Die Schritte können auch vorwärts oder rückwärts getanzt werden.

### Latin Hip

| Schritte | Füße | Zähle |
|---|---|---|
| 1 | LF leicht seitwärts, L-Knie durchgedrückt, Hüfte nach links, R-Knie gebeugt | seit |
| 2 | RF leicht seitwärts, Knie durchgedrückt, Hüfte nach rechts, L-Knie gebeugt | seit |

**Hinweis:** Erst die Beinbelastung, dann die Hüftbewegung! Die Schritte können auch vorwärts oder rückwärts getanzt werden.

### Scate (Figurenbeispiel mit Latin Hip)

| Schritte | Füße, Arme | Zähle |
|---|---|---|
| 1 | LF dg. vorwärts, Hüfte nach rechts, Unterarm L-Tablett | 1 |
| 2 | RF schließen Flat Tap, auf LF 1/4 RD | + |
| 3 | RF dg. vorwärts, Hüfte nach links, Unterarm R-Tablett | 2 |
| 4 | LF schließen Flat Tap, auf RF 1/4 LD | + |

**Hinweis:** Der Oberkörper wird jeweils in die entgegengesetzten Richtung zur Hüfte bewegt.

### Double Scate (Figurenbeispiel mit Latin Hip, 2 × nach L, 2 × nach R)

| Schritte | Füße, Arme | Zähle |
|---|---|---|
| 1 | LF dg. vorwärts, Hüfte nach rechts, Unterarm L-Tablett | 1 |
| 2 | RF fast schließen | + |
| 3 | LF dg. vorwärts, Hüfte nach rechts, Unterarm L-Tablett | 2 |
| 4 | RF schließen Flat Tap, auf LF 1/4 RD | + |
| 5–8 | Wiederholung 1–4 gegengleich | 3+4+ |

Soul Hip

Latin Hip

Scate
1

Scate
2

Scate
3

Scate
4

## Funky

## Afro

### Funky Beckenbewegung (z.B. in offener Fußposition)

| Schritte | Füße, Arme | Zähle |
|---|---|---|
| a | Knie gestreckt, Becken nach hinten kippen (Release) | 1 |
| b | Knie l. beugen, Becken nach vorn schieben (Contract) | + |
| c | Knie gebeugt, Becken nach hinten kippen (Release) | 2 |
| b | Knie l. beugen, Becken nach vorn schieben (Contract) | + |

**Hinweis:** Die Funky Beckenbewegung ist die Technikgrundlage für viele typische Figuren, wie z. B. Funky Broadway, Pearl Funky.

### Funky Broadway

| Schritte | Füße, Arme | | Zähle |
|---|---|---|---|
| 1a | LF seitwärts, | Knie gestreckt, Release, Arme nach unten | 1 |
| b | | Knie leicht beugen, Contract | + |
| c | | Knie gebeugt, Release, Arme W-Haltung | 2 |
| b | | Knie leicht beugen, Contract | + |
| 2a | RF seitwärts, | Knie gestreckt, Release, Arme nach unten | 3 |
| b | | Knie leicht beugen, Contract | + |
| c | | Knie gebeugt, Release, Arme W-Haltung | 4 |
| b | | Knie leicht beugen, Contract | + |

**Hinweis:** Funky Broadway kann auch 2 × auf dem LF, dann 2 × auf dem RF getanzt werden (Double Funky Broadway).

### Pearl Funky

| Schritte | Füße, Arme | | Zähle |
|---|---|---|---|
| 1a | LF diagonal | vorwärts Heal Tap,<br>Knie gestreckt, Release, Arme nach oben | 1 |
| b | | Knie leicht beugen, Contract | + |
| 2c | LF schließen, | Knie gebeugt, Release, Arme nach unten | 2 |
| b | | Knie leicht beugen, Contract | + |
| 3a | RF diagonal | vorwärts Heal Tap,<br>Knie gestreckt, Release, Arme nach oben | 3 |
| b | | Knie leicht beugen, Contract | + |
| 4c | RF schließen, | Knie gebeugt, Release, Arme nach unten | 4 |
| b | | Knie leicht beugen, Contract | + |

**Funky Beckenbewegung**

**Funky Broadway**

**Pearl Funky**

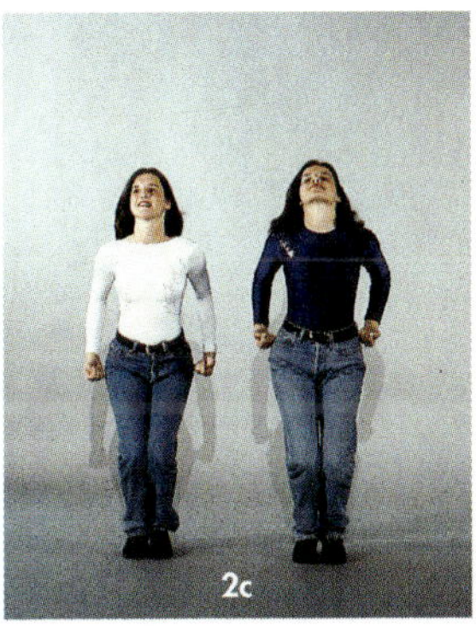

## *Woher kommt der Memphis?*

Der erste Höhepunkt der Beat-Musikwelle war erreicht, als der **Memphis** 1965 aus den USA nach Europa kam. Er war ein leicht zu erlernender Linientanz, den fortgeschrittene Tänzer mit Jazzelementen anreicherten. Es wurden verschiedene Versionen dieses Modetanzes mit 12-, 13-, 14- oder 16-schrittigen Folgen getanzt, die teilweise unabhängig von musikalischen Phrasen waren.
Hier wird die 16-schrittige Variation beschrieben, die der rhythmischen Struktur der meisten 4/4-Takt-Musikstücke gerecht wird. Memphis lässt sich sowohl auf flotte Poptitel als auch auf Rock'n'Roll-Musik tanzen.

**Musik:**
4/4-Takt, jede Popmusik im mittleren oder schnellen Tempo; **CD zum Buch** siehe S. 126.

A 1

A 3

B 1

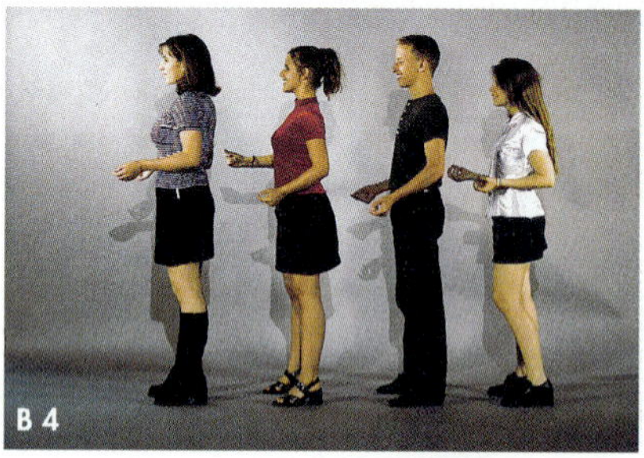
B 4

B 6

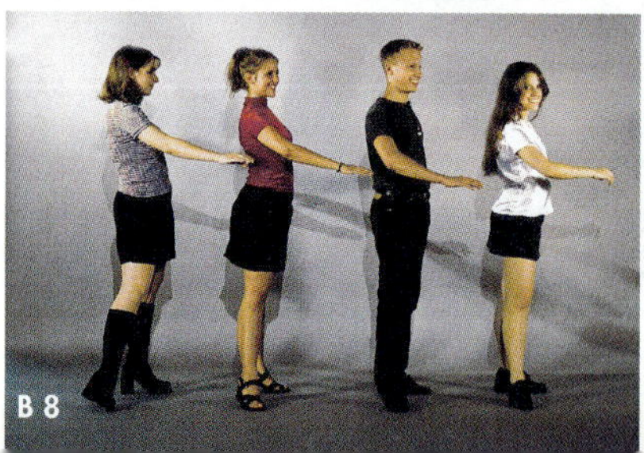
B 8

**Ausgangsposition:** Linienaufstellung, ggf. zwei Linienblöcke in Gegenüberstellung.

| Schritte | Füße, Knie | Oberkörper |
|---|---|---|
| **TEIL A** | | |
| 1 | RF diagonal vorwärts Kick | R-Schulterführung |
| 2 | RF schließen | |
| 3 | LF diagonal vorwärts Kick | L-Schulterführung |
| 4 | LF schließen | |
| 5–8 | Wiederholung 1–4 | |
| **TEIL B** | | |
| 1 | RF vorkreuzen, Knie beugen | R-Schulterführung, Oberkörpor vorwärts neigen |
| 2 | LF rückwärts belasten | Oberkörper aufrichten |
| 3 | RF vorkreuzen, Knie beugen | R-Schulterführung |
| 4 | RF kleiner Sprung, 1/4 RD | Oberkörper aufrichten |
| 5 | LF seitwärts | L-Schulterführung |
| 6 | RF diagonal vorwärts Kick | |
| 7 | RF rückwärts | |
| 8 | LF seitwärts, 1/2 LD | |

**Hinweise:** Bei den Schritten B 1 und B 3 kann auch anstelle einer R-Schulterführung (Mitbewegung) eine L-Schulterführung (Gegenbewegung) getanzt werden.
Oberarme und Ellenbogen bleiben am Körper, die Unterarme werden waagerecht oder leicht abwärts gehalten.
3 × Wiederholung A und B, jeweils in eine andere Himmelsrichtung.

**Endposition:** Alle Tänzer enden 1/4 Drehung nach links.

## Woher kommt La Bostella?

Als Stimmungsmacher fand **La Bostella** Mitte der 1960er Jahre seine Premiere in Pariser Clubs und wurde durch den Film »Was gibt´s Neues, Pussy« bekannt. Entnommen ist La Bostella der französischen Folklore. Eine festgelegte Folge existiert nicht. Es wird nach der vorgegebenen Musik getanzt. Ein heiterer Teil löst sich mit einem traurigen Teil ab – zunächst springt man ausgelassen mit Klatschen der Hände über dem Kopf, dann äußert man sich akustisch in der Hocke mit mehr oder weniger geräuschvollen »Uuuh ... Uuuh .... Uuuh ...«-Lauten. Bis heute ist La Bostella als Paar- oder Gruppentanz bei geselligen Anlässen ein beliebtes Ventil tänzerischer Gefühle.

**Musik:**
4/4-Takt, »La Bostella«, **CD zum Buch** und CDs Nr. **12, 14, 17** siehe S. 126.

Teil A

Teil B

**Ausgangsposition:** Freie Aufstellung im Raum oder Kreisaufstellung.

| **Schritte** | **Herr/Dame** |
|---|---|
| **TEIL A** | |
| | Springen von einem Fuß auf den anderen: |
| 1 | von LF auf RF, dabei L-Bein leicht strecken |
| 2 | von RF auf LF, dabei R-Bein leicht strecken |
| 3–8 | 3 × Wiederholung 1–2 |
| | o d e r |
| | zweimal Sprung auf einem Fuß: |
| 1,2 | Sprung auf RF, RF, dabei L-Bein leicht strecken |
| 3,4 | Sprung auf LF, LF, dabei R-Bein leicht strecken |
| 5–8 | Wiederholung 1–4 |
| | auch mit Drehung (RD oder LD) am Platz, über den Kopf rhythmisch in die Hände klatschen; mehrmalige Wiederholung von 1–8 je nach Musikvorgabe |
| **TEIL B** | |
| 1–4 | Alle in Hockstellung absenken, |
| 5–8 | in Hockstellung miteinander verharren, singen und weinen »Uuuh … Uuuh … Uuuh …«; mehrmalige Wiederholung von 5–8 je nach Musikvorgabe, am Ende alle wieder in die aufrechte Stellung springen |

**Hinweis:** La Bostella lässt sich auch paarweise tanzen, entweder in offener Gegenüberstellung oder Nebeneinanderstellung ohne Tanzhaltung.

## Woher kommt der Casatschok?

Der **Casatschok** (auch Ca-Sa-Tschok oder Kasatschok geschrieben) war wie Letkis und Sirtaki ein folkloristischer Modetanz zwischen 1965 und 1970, der sich am ukrainischen Volkstanz orientierte. Der russische Opernsänger Boris Rubaschkin, der sich auch dem Ballett widmete, brachte den »Kosakentanz« mit der Musik nach Paris und choreographierte ihn für Aufführungen als Paartanz. Der Casatschok ist ein musikgebundener Tanz, d. h. dass auf bestimmte Musikteile auch bestimmte Figuren getanzt werden können. Kleine Unterschiede im Musikarrangement der einzelnen Musikinterpreten sind von den Tänzern improvisatorisch zu lösen.

**Musik:**
4/4-Takt, »Casatschok«, **CD zum Buch** und CD Nr. **12** siehe S. 126.

A 1

A 3

A 13–15

B 1

B 2

B 3

C 1

C 2, C 4

C 3

**Ausgangsposition:** Freie Aufstellung im Raum oder Kreisaufstellung oder Linienaufstellung, Paare in Gegenüberstellung.

| Schritte | Füße | Hände/Arme | Zähle |
|---|---|---|---|
| **TEIL A** | | | |
| 1–2 | 2 Laufschritte am Platz LR, Unterschenkel angewinkelt | 2 × klatschen in eigene Hände | 1,2 |
| 3–4 | 2 Laufschritte am Platz LR, Unterschenkel angewinkelt (oder 3 kleine Stampfschritte am Platz LRL) | beide Hände in Taille eingestützt (rhythmischer Ruf: Ca-Sa-Tschok) | 3,4 (3+4) |
| 5–12 | 2 × Wiederholung | | 1–4,1–4 |
| 13–15 | 3 kleine Stomps vorwärts | Arme vor der Brust gekreuzt (rhythmischer Ruf: »Ras-Dwa-Tri«) | 1,2,3 |
| **TEIL B** | | | |
| 1 | Sprung auf RF, LF dg. vorwärts Heel Tap | Arme vor der Brust gekreuzt | 1 |
| 2 | Sprung auf LF RF dg. vorwärts Heel Tap | Arme vor der Brust gekreuzt | 2 |
| 3–8 | 3 × Wiederholung 1–2 1/1 Drehung auseinander | Arme vor der Brust gekreuzt | 3,4,5, 6,7,8 |
| 9–16 | 4 × Wiederholung 1–2 1/1 Drehung zueinander | Arme vor der Brust gekreuzt | 1,2,3,4, 5,6,7,8 |
| **TEIL C** | | | |
| | *Herr Hocke, Dame schaut zu und klatscht oder Herr/Dame aufrecht* | | |
| 1 | LF dg. vorwärts Heel Tap | Arme vor der Brust gekreuzt | 1,2 |
| 2 | LF schließen | Arme vor der Brust gekreuzt | 3,4 |
| 3 | RF dg. vorwärts Heel Tap | Arme vor der Brust gekreuzt | 5,6 |
| 4 | RF schließen | Arme vor der Brust gekreuzt | 7,8 |
| 5–8 | Wiederholung 1–4 | Arme vor der Brust gekreuzt | 1–8 |

## *Woher kommt der Sirtaki?*

Der **Sirtaki** (auch Syrtaki geschrieben, d. h. ein kleiner Syrtos) besteht aus vielen Variationen des griechischen Volkstanzes »Hassapikos bzw. Hasaposérvikos«, der, wie der Name sagt, als »Tanz der Metzger« zu den Stände- oder Zunfttänzen gehörte und der ursprünglich von Männern und Frauen getrennt in Gruppen getanzt wurde.
Als folkloristischer Modetanz wurde er fast gleichzeitig mit dem »Letkis« 1965/66 in ganz Europa begeistert aufgenommen. Dabei spielte der Film und die Musik »Alexis Sorbas« von Mikis Theodorakis eine große Rolle. Die Schritte wurden, einfacher als der Originaltanz, in zahlreichen interessanten Schrittkombinationen getanzt. Für viele Touristen wurde der »Zorba« zu *dem* typischen griechischen Tanz, während er von den Griechen selbst nicht als traditioneller Volkstanz anerkannt wird.
Hier werden vier Grundmotive beschrieben, die nacheinander getanzt werden können.

**Musik:**
$^{2}/_{4}$-Takt, Sirtaki/»Zorba's Dance«; **CD zum Buch** und CD Nr. **10** siehe S 126.

**Ausgangsposition:** Linienaufstellung (u. U. auch in einem Halbkreis oder Kreis), Damen legen die Hände jeweils auf die Schultern des rechten und linken Tänzers, die Herrn auf den Rücken der Damen.

| Schritte | Herr/Dame | | Zähle |
|---|---|---|---|
| **TEIL A** (Einleitung: Wippen mit geschlossenen Füßen 4 ×): | | | |
| 1,2 | LF seitwärts, RF langsam heranziehen Tap | s,s | seit, heran |
| 3,4 | RF seitwärts, LF langsam heranziehen Tap | s,s | seit, heran |
| 5–8 | Wiederholung 1–4 | s,s,s,s | |
| **TEIL B** | | | |
| 1,2 | LF vorwärts, RF hinter LF Toe Tap | q,q | vor, Tap |
| 3,4 | RF neben LF Toe Tap, RF vorwärts Kick | q,q | Tap, Kick |
| 5,6 | RF rückwärts, LF vorwärts Kick | q,q | rück, Kick |
| 7,8 | LF rückwärts, RF vorwärts Kick | q,q | rück, Kick |
| 9,10 | RF diagonal rechts vorwärts, LF diagonal links vorwärts | q,q | rechts, links |
| 11,12 | RF rückwärts, LB angewinkelt vorgekreuzt anheben | q,q | rück, heb |
| 13,14 | LF seitwärts, RF ohne Gewicht schließen | s,s | seit, schließ |
| 15–22 | Wiederholung 9–14 | | |
| **TEIL C** | | | |
| 1–7 | 4 × RF vorkreuzen, LF seitwärts | 4 × | kreuz, seit |
| 8 | LB nach links schwingen | | schwung |
| 9–16 | Wiederholung 1–8 gegengleich | | |
| 17–21 | 3 × RF vorkreuzen, LF seitwärts | 3 × | kreuz, seit |
| 22 | LB nach links schwingen | | schwung |
| 23–28 | Wiederholung 17–22 gegengleich | | |
| 29–31 | 2 × RF vorkreuzen, LF seitwärts | 2 × | kreuz, seit |
| 32 | LB nach links schwingen | | schwung |
| 33–36 | Wiederholung 29–32 gegengleich | | |
| 37,38 | RF vorkreuzen, LF vorkreuzen | | |
| **TEIL D** (zuerst langsam, dann immer schneller, der Musik angepasst) | | | |
| 1,2 | RF seitwärts, LF hinterkreuzen | | seit, kreuz |
| 3,4 | RF seitwärts, LB vorgekreuzt anheben | | seit, heb |
| 5,6 | LF seitwärts, RB vorgekreuzt anheben | | seit, heb |

# 1960er Jahre: Letkis

## Woher kommt der Letkis(s)?

Der **Letkis** wurde aus dem lappischen Volkstanz »Letkajenka« (auch »Letjenka« genannt) von dem finnischen Tanzlehrer Victor Niemelä als Gruppen- und Paartanz entwickelt. Der finnische Bandleader Anton Letkis, der den Namen für die Musik und den dazugehörigen Tanz gegeben hat, führte ihn in Paris 1964 ein. Der »Kuss« gehörte anfangs nicht zum Letkis, ein weiteres »s« zum »kiss« wurde später hineininterpretiert.
Er war der erste osteuropäische Tanz, der als Kontrast zu den afroamerikanischen Beat- und Linientänzen der 1960er Jahre in den Discotheken populär wurde. Der Tanz ist an die vorgegebene Musik gebunden.

**Musik:**
4/4-Takt, »Letkis«, **CD zum Buch** und CDs Nr. **12, 14, 17** siehe S. 126.

**Paartanz**

A1, 3

A 2

A 5, 7

A 6

B 2

B 5

## *Gruppentanz*

**Ausgangsposition:** Reihenaufstellung, Hände auf der Hüfte oder Schulter des Vordertänzers.

| Schritte | Herr/Dame | Zähle |
|---|---|---|
| **TEIL A** | | |
| 1 | RF Hop, L-Ferse diagonal vorwärts (Heel Tap) | quick |
| 2 | RF Hop, L-Fußspitze kreuzt vor RF (Ball Tap) | quick |
| 3 | RF Hop, L-Ferse diagonal vorwärts (Heel Tap) | quick |
| 4 | RF Hop, LF schließen, am Ende Gewicht auf LF | quick |
| 5–8 | Wiederholung gegengleich (auf 1,3,5,7 ggf. Kick) | qqqq |
| **TEIL B** | | |
| 1 | beidbeiniger Rutsch vorwärts oder nach rechts | slow |
| 2 | beidbeiniger Rutsch rückwärts oder nach links | slow |
| 3,4,5 | 3 × beidbeiniger Sprung vorwärts oder am Platz (auch ohne Fassung eine 1/1 RD oder 1/1 LD möglich) | qq slow |

## *Paartanz*

**Ausgangsposition:** Offene Gegenüberstellung, R-Hände gefasst.

| Schritte | Herr/Dame |
|---|---|
| **Teil A** | siehe Gruppentanz 1–8 |
| **Teil B** | siehe Gruppentanz 1–8 (auch mit Einrollen der Dame) |

A 1 Hüftfassung

A 1 Schulterfassung

**Gruppentanz**

## Woher kommt der Hully Gully?

**Hully Gully** ist der Klassiker unter den Linientänzen und entstand 1962 in Europa auf dem Höhepunkt der Beatwelle. Der Modetanz Hully Gully wurde an der französischen Côte d'Azur als Nachfolger des beliebten, amerikanischen Madison kreiert und nicht nur in Frankreich und Deutschland, sondern auch in Amerika begeistert aufgenommen, wo man ihn **The Continental** taufte. Ähnlich wie beim amerikanischen Square Dance rief ein »Caller« den Tänzern Figuren zu, die sie spontan umsetzen mussten. Das führte zwar oft zu Verwirrung, aber auch zu viel Spaß. Heute wird der Hully Gully eher mit fester Schrittfolge sowohl auf moderne Poptitel als auch auf Rock'n'Roll-Musik in alle vier Himmelsrichtungen getanzt.

**Musik:**
4/4-Takt, »Hully Gully Firehouse« und jede andere Popmusik im mittleren und schnellen Tempo; **CD zum Buch** und CDs Nr. **14, 17, 20** siehe S. 126.

1

2

10

13

**Ausgangsposition:** Linienaufstellung.

| Schritte | Füße, Knie | Schultern, Arme | Zähle |
|---|---|---|---|
| 1 | RF diagonal vorwärts Kick | L-Schulterführung | 1 |
| 2 | RF seitwärts | | 2 |
| 3 | LF vorkreuzen | | 3 |
| 4 | RF seitwärts | | 4 |
| 5 | LF diagonal vorwärts Kick | R-Schulterführung | 5 |
| 6 | LF seitwärts | | 6 |
| 7 | RF vorkreuzen | | 7 |
| 8 | LF seitwärts | | 8 |
| 9 | RF diagonal vorwärts Kick | L-Schulterführung | 1 |
| 10–12 | RLR Beat Shuffles | Arme oben gefasst | +2+3+4 |
| 13 | LF vorwärts Kick, Knie strecken | | 5 |
| 14 | LF vorwärts, Knie beugen | | 6 |
| 15 | RF vorwärts Kick, Knie strecken | | 7 |
| 16 | RF vorwärts, Knie beugen | | 8 |
| 17 | LF vorwärts Kick, Knie strecken | L-Schulterführung | 9 |
| 18 | LF seitwärts, $^{1}/_{4}$ RD | | 10 |
| 19 | RF vorkreuzen | | 11 |
| 20 | LF seitwärts | | 12 |

**Hinweise:** Bei Beat Shuffle wird der vordere Fuß zum Standbein flach zurückgezogen, dann das Gewicht übertragen und anschließend das Schreitbeinknie angewinkelt, indem der Ballen des Schreitbeines vorwärts gleitet.
Statt Kick kann man auch Toe Tap oder Heel Tap tanzen.

## ***Woher kommt der Bossa Nova?***

**Bossa Nova** ist ein portugiesisches Slangwort und bedeutet etwa »Neue Masche«. Musikalischer Ursprung dieses Paartanzes ist der brasilianische Samba, der im Bossa Nova 1958 verjazzt wurde. Jazzmusiker wie Jan Getz und Dizzy Gillespie sprachen von **Jazz-Samba** und brachten die Musik um 1960 in die USA. Das markanteste und bekannteste Musikstück »Desafinado« ging damals um die ganze Welt. In den 1970er Jahren lebte die Bossa-Nova-Welle wieder auf, mit etwas schneller gespielten Titeln und einer etwas härteren tänzerischen Interpretation. Das Schrittmuster des Bossa Novas ist dem des Mambos ähnlich.

**Musik:**
4/4-Takt, »Desafinado«, »The Girl From Ipanema«, »Schuld war nur der Bossa Nova« und jede Musik mit Bossa-Nova-Charakter; **CD zum Buch** und CD Nr. **17** siehe S. 126.

Seitwärts 1

Seitwärts 2, 3

Wisk rückwärts

Wisk vorwärts

## *Basic Movement* — *Grundschritt*

**Ausgangs- und Endposition:** Paare in geschlossener Gegenüberstellung Latein oder offene Gegenüberstellung ohne Tanzhaltung, freie Aufstellung im Raum oder Linienaufstellung.

### *Seitwärts*

| Schritte | Herr | Dame | Zähle |
|---|---|---|---|
| 1 | LF seitwärts, R-Fußspitze ausdrehen, R-Ferse am Platz halten | RF seitwärts, L-Fußspitze ausdrehen, L-Ferse am Platz halten | slow |
| 2 | RF verzögert schließen | LF verzögert schließen | quick |
| 3 | LF am Platz belasten | RF am Platz belasten | quick |
| 4 | RF seitwärts, L-Fußspitze ausdrehen, L-Ferse am Platz halten | LF seitwärts, R-Fußspitze ausdrehen, R-Ferse am Platz halten | slow |
| 5 | LF verzögert schließen | RF verzögert schließen | quick |
| 6 | RF am Platz belasten | LF am Platz belasten | quick |

### *Vorwärts–Rückwärts*

| Schritte | Herr | Dame | Zähle |
|---|---|---|---|
| 1 | LF vorwärts, R-Fußspitze ausdrehen, R-Ferse am Platz halten | RF rückwärts, L-Fußspitze ausdrehen, L-Ferse am Platz halten | slow |
| 2 | RF verzögert schließen | LF verzögert schließen | quick |
| 3 | LF am Platz belasten | RF am Platz belasten | quick |
| 4 | RF rückwärts, L-Fußspitze ausdrehen, L-Ferse am Platz halten | LF vorwärts, R-Fußspitze ausdrehen, R-Ferse am Platz halten | slow |
| 5 | LF verzögert schließen | RF verzögert schließen | quick |
| 6 | RF am Platz belasten | LF am Platz belasten | quick |

**Hinweise:** Die Hüfte vollzieht eine Schaukel- oder Wiegebewegung gegengleich zu den Fußbewegungen (Merengue Hip).
Variationen zum Seitwärts-Grundschritt:
- Bei 2 und 5 statt schließen den jeweiligen Ballen vor- bzw. hinterkreuzen (Whisk)
- Während des Seitwärts-Grundschritts abwechselnd R-Solodrehungen für die Dame (1–3) und den Herrn (4–6)

## *Woher kommt der Twist?*

Kurz nachdem der Rock'n'Roll und die Hula-Hoop-Reifen modern wurden, kam ebenfalls aus den USA 1956 der **Twist** nach Europa. Ein Tanz trat seinen Siegeszug durch die Welt an, der als erster Gesellschaftstanz seit der Wende 19./20. Jh. nicht paarweise, sondern solo getanzt wurde. Die wilden und übertriebenen Bewegungen dieses Modetanzes waren anfangs nicht gesellschaftsfähig, aber sein Temperament machte ihn beliebt. Im Twist kamen außerdem isolierte Bewegungstechniken zum Einsatz, die gerade begonnen hatten, die Tanzwelt zu erobern: Im **American Twist** wurde der untere Teil des Körpers gegen den Oberkörper »vertwistet« (gegeneinander verdreht), der weitgehend aufrecht und ruhig blieb. Manche Tänzer kippten das Becken stark nach hinten, beugten den Oberkörper nach vorne, drehten den Po hin und her und nannten diese Form den **African Twist**. Allerdings galt der hier beschriebene beckengerade **Twist** (American Twist) als die edlere Variante. Der Twist behauptete sich nicht nur über den damaligen Modeboom hinaus, sondern beeinflusste mit seiner Twist-Bewegung auch zahlreiche andere nachfolgende Modetänze.

**Musik:**
4/4-Takt, »Let's Twist Again«, »Popocatepetl-Twist«, **CD zum Buch** und CDs Nr. **12, 14, 17,** siehe S. 126.

1

2

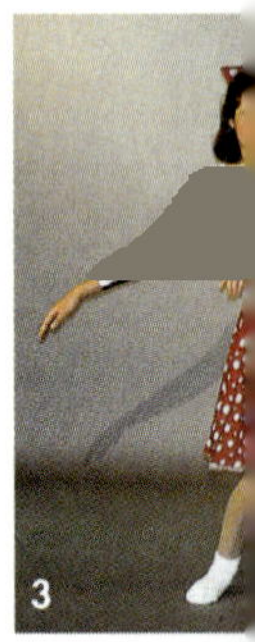
3

**Ausgangs- und Endposition:** Freie Aufstellung im Raum, Gewicht auf LF, Standknie stark gebeugt, das unbelastete R-Bein weit zur Seite gestreckt.

| Schritte | Füße, Knie | Hüfte/Arme |
|---|---|---|
| 1 | R-Knie über Kreuz hochziehen | Hüfte twistet nach L, Arme nach R |
| 2 | RF seitwärts Toe Tap | Hüfte twistet nach R, Arme nach L |
| 3 | RF und LF gleichzeitig belasten | Hüfte twistet nach L, Arme nach R |
| 4 | RF seitwärts am Platz belasten | Hüfte twistet nach R, Arme nach L |
| 5 | LF seitwärts Toe Tap | Hüfte twistet nach L, Arme nach R |
| 6 | L-Knie über Kreuz hochziehen | Hüfte twistet nach R, Arme nach L |
| 7 | LF seitwärts Toe Tap | Hüfte twistet nach L, Arme nach R |
| 8 | LF und RF gleichzeitig belasten | Hüfte twistet nach R, Arme nach L |
| 9 | LF seitwärts am Platz belasten | Hüfte twistet nach L, Arme nach R |
| 10 | RF seitwärts Toe Tap | Hüfte twistet nach R, Arme nach L |

**Hinweise:** Beim Twist dreht der Tänzer die Hüften, bei etwas nach vorne gekipptem Becken und gebeugten Knien, kontinuierlich hin und her. Oberschenkel und Knie folgen dieser Drehbewegung und man »vertwistet« den möglichst nicht mitdrehenden Oberkörper gegen den hin und her drehenden unteren Teil des Körpers. Anfänger sollten die Twistbewegung zuerst mit beiden belasteten Ballen üben. Erst später kommt die Gewichtsverlagerung von einem zum anderen Fuß hinzu. Mit dem unbelasteten Fuß kann eine Heel/Toe-Aktion erfolgen.
Der Grundschritt wird wiederholt und kann auch mit leichter Rechts- oder Linksdrehung um die eigene Achse getanzt werden.
Die Schritte 1–2 können auch zweimal hintereinander getanzt werden, bevor der Tänzer allmählich sein Gewicht auf den anderen Fuß überträgt.

4

5

## Woher kommt der Rock´n´Roll?

**Rock´n´Roll** gehört seit seinem Triumphzug ab 1954 zu den faszinierendsten Tänzen für Jung und Alt. Sein besonderer Reiz liegt in der mitreißenden Musik, dem temperamentvollen Tanzstil und der spektakulären Akrobatik. Die Musik des Rock´n´Roll wurde von den Stilrichtungen Country and Western, Jazz und Rhythm and Blues beeinflusst. Der Discjockey Alan Freed behauptete 1951, den Namen »Rock´n´Roll« erfunden zu haben. Als die »offizielle« Geburtsstunde wird die Studioaufnahme von Bill Haleys »Rock Around The Clock« am 12. April 1954 gesehen. Zum Siegeszug des Rock´n´Roll trugen viele weitere Interpreten wie Elvis Presley, Fats Domino, Chuck Berry bei. Ab 1974 bekam der Rock´n´Roll einen erneuten Aufschwung als eine anerkannte Tanzsportart.
Verschiedene Grundtechniken haben sich im Laufe der Zeit entwickelt:

- **Vierer-Grundschritt = Single Time**, Boogie oder Boogie Woogie (S. 89)
- **Sechser-Grundschritt = Double Time**, Blues Boogie oder Boogie-Double Time (siehe S. 89) und Rock´n´ Roll Sechser-Grundschritt (siehe folgende Beschreibung)
- **Achter-Grundschritt = Triple Time**, Jive im Welttanz- und Turnierprogramm (siehe Richtig Tanzen Lateinamerikanische Tänze)
- **Neuner-Grundschritt = Sprungschritt** im sportlichen Bereich (siehe folgende Beschreibung)

Alle genannten Grundschritte erstrecken sich über 1 1/2 Takte (= 6 Taktschläge) und können beim Tanzen miteinander vermischt werden.
Die folgenden Tanz-, Halbakrobatik- und Akrobatikfiguren sind auf den Sechser-Grundschritt aufgebaut und können auch auf den Neunerschritt übertragen werden.

**Musik:**
4/4-Takt. Rock´n´Roll in verschiedenen Tempi; **CD zum Buch** und CDs Nr. **13, 20** siehe S. 126.

Neuner-Grundschritt

## Grundschritte

**Ausgangs- und Endposition:** Paare in offener Gegenüberstellung, freie Aufstellung im Raum, Herr L-Hand/Dame R-Hand.

### *Sechser-Grundschritt*

| Schritte | Herr | Dame | Zähle |
|---|---|---|---|
| 1 | LF klein rückwärts | RF klein rückwärts | 1 rück |
| 2 | RF am Platz belasten | LF am Platz belasten | 2 Platz |
| 3 | LB leicht nach links Kick | RB vorwärts Kick | 3 Kick |
| 4 | LF am Platz belasten | RF am Platz belasten | 4 Platz |
| 5 | RB leicht nach rechts Kick | LF vorwärts Kick | 5 Kick |
| 6 | RF am Platz belasten | LF am Platz belasten | 6 Platz |

### *Neuner-Grundschritt*

| Schritte | Herr | | Dame | | Zähle |
|---|---|---|---|---|---|
| 1 | LB anheben zum Kick, RF Hop | | RB anheben zum Kick, LF Hop | | + und |
| 2 | LB Kick vorwärts | Kick Ball Change | RB Kick vorwärts | Kick Ball Change | 1 Kick |
| 3 | LB leicht rückwärts, RF leicht anheben | | RB leicht rückwärts LF leicht anheben | | + Ball |
| 4 | RF am Platz belasten | | LF am Platz belasten | | 2 Change |
| 5 | LB anheben zum Kick | RF Hop | RB anheben zum Kick | LF Hop | + und |
| 6 | LB Kick vorwärts | | RB vorwärts | | 3 Kick |
| 7 | LB anheben zum Absetzen | RF Hop | RF anheben zum Absetzen | LF Hop | + und |
| 8 | LF am Platz belasten | | RF am Platz belasten | | 4 Platz |
| 9 | RB anheben zum Kick | LF Hop | LB anheben zum Kick | RF Hop | + und |
| 10 | RB vorwärts Kick | | LB vorwärts Kick | | 5 Kick |
| 11 | RB anheben zum Absetzen | LF Hop | LF anheben zum Absetzen | LF Hop | + und |
| 12 | RF am Platz belasten | | LF am Platz belasten | | 6 Platz |

**Hinweise:** Um im vorgeschriebenen Takt zu tanzen, muss der Kick auf Taktschlag 1 oder 3 erfolgen.
Der Neuner-Grundschritt wird aufgrund der Anzahl der Bodenberührungen (9) so benannt, nicht aufgrund der Anzahl der Aktionsbewegungen (12).

## Tanzfiguren

**Ausgangs- und Endposition:** Paare in offener Gegenüberstellung, freie Aufstellung im Raum, Herr L-Hand/Dame R-Hand.

### Platzwechsel oben (Damen-Linksdrehung)

| Schritte | Herr | Dame | Zähle |
|---|---|---|---|
| 1 | LF klein rückwärts | RF klein rückwärts | rück |
| 2 | RF vorwärts, 1/4 RD | LF vorwärts, 1/4 LD | vor |
| 3 | LB leicht nach links Kick | RB vorwärts Kick | Kick |
| 4 | LF rückwärts 1/4 RD | RF rückwärts, 1/4 LD | rück |
| 5 | RB leicht nach rechts Kick | LB vorwärts Kick | Kick |
| 6 | RF schließen | LF schließen | schließ |

**Hinweise:** 1/2 LD der Dame unter dem erhobenen L-Arm des Herrn.

### Platzwechsel unten (Hand- und Platzwechsel)

| Schritte | Herr | Dame | Zähle |
|---|---|---|---|
| 1–3 | siehe Platzwechsel oben (bei 2 ohne Drehung) | siehe Platzwechsel oben (bei 2 ohne Drehung) | rück,vor, Kick |
| 4 | LF schräg vorwärts, 1/4 LD | RF vorwärts, 1/4 RD | vor |
| 5 | RB leicht nach rechts Kick | LB vorwärts Kick | Kick |
| 6 | RF rückwärts, 1/4 LD | LF rückwärts, 1/4 RD | rück |

**Hinweise:** Der Herr fasst bei 3 mit seiner R-Hand von oben die R-Hand der Dame und löst seine L-Hand. Bei 5 übergibt er hinter seinem Rücken die R-Hand der Dame in seine L-Hand.

### American Spin (Damen-Rechts-Solodrehung)

| Schritte | Herr | Dame | Zähle |
|---|---|---|---|
| 1 | LF klein rückwärts | RF klein rückwärts | rück |
| 2 | RF am Platz belasten | LF am Platz belasten | Platz |
| 3 | LB leicht nach links Kick | RB vorwärts Kick | Kick |
| 4 | LF am Platz belasten | RF belasten, 1/2 RD | dreh |
| 5 | RB leicht nach rechts Kick | LB Kick, 1/2 RD | Kick |
| 6 | RF am Platz belasten | LF am Platz belasten | Platz |

**Hinweise:** Dame dreht ohne Führung oder unter seinem erhobenen R-Arm.

**Platzwechsel oben**

**Platzwechsel unten**

**American Spin**

## *Halbakrobatik/Akrobatik*

**Ausgangs- und Endposition:** Paare in offener Gegenüberstellung, freie Aufstellung im Raum, Herr L-Hand/Dame R-Hand.

### *Grätschsprung*

| Schritte | Herr | Dame |
|---|---|---|
| 1 | LF klein rückwärts | RF klein rückwärts |
| 2 | RF am Platz belasten | LF am Platz belasten |
| 3–4 | LF leicht seitwärts, kleine Grätschstellung, Herr beide Hände an die Hüften der Dame | RF schließen, leicht in die Knie Dame Flechtgriff um den Hals des Herrn, auf 4 beidbeiniger Absprung |
| 5–6 | Hereinheben der Dame auf beide Hüften | Grätschsitz |
| 7–10 | Aufrichten, Hochstemmen der Dame | Abdrücken mit beiden Unterarmen von den Schultern des Herrn, Anziehen der Knie zur Hocke, beidbeinige Landung |

**Hinweis:** Variante = **Kniesprung** und **Hüftsprung links – rechts** (siehe Fotos S. 87).

### *Italiener*

| Schritte | Herr | Dame |
|---|---|---|
| 1 | LF klein rückwärts | RF klein rückwärts |
| 2 | RF am Platz belasten | LF am Platz belasten |
| 3–4 | LF leicht seitwärts, 1/4 LD in eine Grätschstellung | RF schließen, leicht in die Knie, beidbeiniger Absprung |
| 5–8 | mit dem R-Arm Umgreifen der Hüfte der Dame von vorn, L-Hand unterstützt den Wurf durch ein Nachschieben an der Rückseite des L-Oberschenkels der Dame; der R-Arm bildet die Drehachse | Greifen mit der L-Hand an die R-Schulter des Herrn, R-Hand stützt sich am R-Unterarm des Herrn, nach dem Absprung schnellkräftiges Anziehen beider Knie |
| 9–10 | | Nach der Drehung öffnet die Dame ihre gehockte Haltung und landet beidbeinig. |

**Grätschsprung**

**Kniesprung**

**Hüftsprung**

**Italiener**

## Woher kommt der Boogie/Jitterbug?

Der **Boogie**, auch **Boogie Woogie** genannt, hat sich musikalisch aus dem Blues entwickelt. Ursprünglich war er die Pianobegleitung des Blues mit gleichförmig hämmernden acht Achtel-Beatschlägen im Bass. Zur Popularität gelangte er Anfang der 1940er Jahre. Im Tempo unterschiedlich schnell gespielte Musikstücke führten zu verschiedenen tänzerischen Varianten in den Grundschritten.
Der erste bekannte **Boogie** soll auf den Steptänzer Pine Top Smith zurückgehen. Dieser neue Paartanz wurde unter verschiedenen Namen bekannt. 1940 sprach man von **Jitterbug** vor allem in den USA; mit der Verlagerung der US-Army nach Europa wurde er auch hier unter dieser Bezeichnung populär. In England entwickelte sich daraus der Jive, 1945 wurde von Behop und ab 1955/56 von Rock´n´Roll gesprochen. Als Boogie wurde er in Europa zum Volkstanz der 1950er Jahre. Er löste auch in der Tanzkleidung mit schwingenden Petticoats und lässigen Jacketts eine revolutionäre neue Welle aus. Das Heben der Partnerin, Sprünge und andere Kunststücke waren die reizvollen Elemente, die phantasiereich zwischen die Grundschritte eingefügt wurden.
Boogie wurde vor einigen Jahren wieder entdeckt. Er wird heute weitgehend ohne Figurenfolge getanzt – frei improvisiert. Die Figuren sollten ohne Auf-/Abbewegung mit leicht gebeugten Knien ausgeführt werden.
Der Boogie und der Jitterbug haben wie der Blues eine 12-taktige Phrasierung. In Anpassung an das Tempo des Musikstückes und den Grundrhythmus slow – slow – quick – quick können vier oder sechs Schritte getanzt werden, im Single oder Double Time (siehe auch Rock´n´Roll S. 82).

**Musik:**
$^4/_4$-Takt, $1^1/_2$ Takte für den Grundschritt, Tempo ab 36 Takte pro Minute; **CD zum Buch** und CDs Nr. **17, 20** siehe S.126

**Boogie – Double Time**

**Jitterbug – Double Time**

## Grundschritte

**Ausgangs- und Endposition:** Paare in geschlossener Gegenüberstellung Latein, leichte Promenadenposition, Herr R-Hand an der L-Taille der Dame, Dame L-Hand auf der R-Schulter des Herrn. Herr fasst in Hüfthöhe mit L-Hand von außen die R-Hand der Dame (oder Paare in offener Gegenüberstellung, L-Hand des Herrn fasst die R-Hand der Dame).

### *Boogie – Single Time* (Viererschritt)

| Schritte | Herr | Dame | Zähle | |
|---|---|---|---|---|
| 1 | LF seitwärts | RF seitwärts | 1,2 | seit |
| 2 | RF seitwärts | LF seitwärts | 3,4 | seit |
| 3 | LF klein rückwärts | RF klein rückwärts | 5 | rück |
| 4 | RF am Platz belasten | LF am Platz belasten | 6 | Platz |

### *Boogie – Double Time* (Sechserschritt)

| Schritte | Herr | Dame | Zähle | |
|---|---|---|---|---|
| 1 | LF am Platz Tap | RF am Platz Tap | 1 | Tap |
| 2 | LF klein seitwärts | RF klein seitwärts | 2 | seit |
| 3 | RF schließen Tap | LF schließen Tap | 3 | Tap |
| 4 | RF seitwärts | LF seitwärts | 4 | seit |
| 5 | LF klein rückwärts | RF klein rückwärts | 5 | rück |
| 6 | RF am Platz belasten | LF am Platz belasten | 6 | Platz |

### *Jitterbug – Double Time* (Sechserschritt)

| Schritte | Herr | Dame | Zähle | |
|---|---|---|---|---|
| 1 | LF am Platz Tap | RF am Platz Tap | 1 | Tap |
| 2 | LF klein vorwärts | RF klein vorwärts | 2 | vor |
| 3 | RF am Platz Tap | LF am Platz Tap | 3 | Tap |
| 4 | RF rückwärts | LF rückwärts | 4 | rück |
| 5 | LF schließen | RF schließen | 5 | schließ |
| 6 | RF vorwärts | LF vorwärts | 6 | vor |

**Hinweise:** Alle Grundschrittvarianten können auch leicht rechts oder links drehend getanzt werden. Die letzten beiden Schritte des Jitterbugs (5,6) sind auch mit »Kick Ball Change« (5+6) möglich.

## Drehungen

### Damen-Rechtsdrehung

**Vorher:** Boogie/Jitterbug – Double Time

| Schritte | Herr | Dame | Zähle |
|---|---|---|---|
| 1 | LF am Platz Tap | RF leicht vorwärts Tap | Tap |
| 2 | LF klein vorwärts | RF 5/8 RD zu Gegenüberstellung | dreh |
| 3 | RF schließen Tap | LF schließen Tap | Tap |
| 4 | RF rückwärts | LF rückwärts | rück |
| 5 | LF klein rückwärts | RF klein rückwärts | rück |
| 6 | RF am Platz belasten | LF am Platz belasten | Platz |

**Hinweise:** Der Herr schiebt die Dame rechtzeitig bei den vorangehenden Schritten 5,6 leicht nach hinten, um mit Schwung die Drehung der Dame zur offenen Gegenüberstellung einzuleiten.

### Herrn-Linksdrehung / American Spin

**Vorher:** Damen-Rechtsdrehung

| Schritte | Herr | Dame | Zähle |
|---|---|---|---|
| 1 | LF am Platz Tap | RF leicht vorwärts Tap | Tap |
| 2 | LF 3/4 LD | RF vorwärts, 1/4 RD | dreh |
| 3 | RF schließen Tap | LF vorwärts Tap | Tap |
| 4 | RF seitwärts | LF seitwärts, 1/4 RD | seit |
| 5 | LF klein rückwärts | RF klein rückwärts | rück |
| 6 | RF am Platz belasten | LF am Platz belasten | Platz |

**Hinweis:** Der Herr dreht sich rechtzeitig bei den vorangehenden Schritten 5,6 mit 1/4 LD (LF vorwärts, RF vorwärts) in den R-Arm der Dame ein. Am Ende der Linksdrehung steht die Dame im Rücken des Herrn, R-Hand in R-Hand.

Beim anschließenden **American Spin** (1 Tap – 2 dreh, Dame 1/1 RD – 3 Tap – 4 seit, Herr 1/2 LD – 5 rück – 6 Platz) drückt sich die Dame entweder mit der R-Hand an der R-Hand des Herrn oder mit der R-Hand auf dem Rücken des Herrn ab.

Damen-Rechtsdrehung 2

Herrn-Linksdrehung vor 1

American Spin 2a

American Spin 2b

Gemeinsamer Elvis

Drop

## Woher kommt der American Swing?

**Swing** ist eine nordamerikanische Jazz-Musikrichtung, die in den 1930er Jahren den klassischen Blues und den »Chicago-Musikstil« ablöste. In den synkopisch gespielten, fröhlich leichten Melodien sahen nationalsozialistische Kulturwächter eine Gefahr für die deutsche Volksseele, und Swingmusik wurde verboten. Trotzdem oder gerade deswegen entwickelten sich Musik und Tanz im Untergrund zum Volksliebling.
Der Modetanz **American Swing** ist ein Vorläufer des 1940 entwickelten »Jive« (siehe »Richtig Tanzen Lateinamerikanische Tänze«, S. 106) und wurde, vielleicht wegen seines positiven Lebensgefühls, während des Zweiten Weltkrieges leidenschaftlich getanzt. Kennzeichen für den American Swing ist die synkopisch gespielte so genannte »Off Beat-Musik«, ähnlich der späteren Rock'n'Roll-Musik. Man darf den American Swing nicht mit dem in den 1970er Jahren entstandenen Swing oder Swing-Fox verwechseln, der sich zum heutigen Discofox (siehe S. 42) weiterentwickelte.

**Musik:**
$^4/_4$-Takt, »In The Mood«, »One O'Clock Jump«, »Take The A-Train« oder jede andere Off Beat-Musik im mittleren Tempo; **CD zum Buch** siehe S. 126.

1

2

5

## *Grundschritt*

**Ausgangs- und Endposition:** Paare in geschlossener Gegenüberstellung Latein, Herr Front zur Wand, Füße in der Grundstellung leicht auseinander, Gewicht mehr über dem Ballen, Knie gestreckt, jedoch nicht steif.

| Schritte | Herr | | Dame | | Zähle |
|---|---|---|---|---|---|
| 1 | LF hinterkreuzen | | RF hinterkreuzen | | 1 |
| 2 | RF am Platz belasten | | LF am Platz belasten | | 2 |
| 3 | LF klein seitwärts | Chassé | RF klein seitwärts | Chassé | 3 |
| 4 | R-Ballen leicht schließen, $1/2$ Gewicht | | L-Ballen leicht schließen, $1/2$ Gewicht | | + |
| 5 | LF klein seitwärts | | RF klein seitwärts | | 4 |
| 6 | RF seitwärts am Platz belasten | | LF seitwärts am Platz belasten | | 5 |
| 7 | LF seitwärts am Platz belasten | | RF seitwärts am Platz belasten | | 6 |
| 8 | RF klein seitwärts | Chassé | LF klein seitwärts | Chassé | 7 |
| 9 | L-Ballen leicht schließen, $1/2$ Gewicht | | R-Ballen leicht schließen, $1/2$ Gewicht | | + |
| 10 | RF klein seitwärts | | LF klein seitwärts | | 8 |

**Hinweis:** Alle modernen Boogie-, Jitterbug- (siehe S. 88) und Jive-Figuren (siehe »Richtig Tanzen Lateinamerikanische Tänze«, S. 112 ff.) können auch mit dem Swing-Grundschritt getanzt werden.

6

7

10

## Woher kommt der Lambeth Walk?

Der **Lambeth Walk** war ein Tanz der 1930er Jahre, der bei geselligen Anlässen sehr beliebt war. Er war ursprünglich der Volkstanz der Töpfer von Lambeth, einem Stadtteil von London, und gehörte zu den typischen Tänzen, die auf ländlichen Tanzweisen wurzeln. Dieser Gruppentanz, der paarweise getanzt wurde, erfuhr eine Wiederbelebung in den 1970er und 1980er Jahren.

**Musik:**
4/4-Takt, »Lambeth Walk«, **CD zum Buch** und CDs Nr. **3, 12, 17** s.S. 126.

A 1

A 9

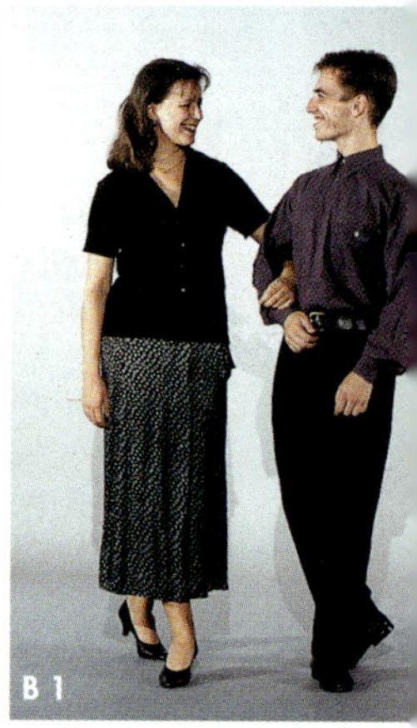
B 1

B 11

B 14

B 18

**Ausgangsposition:** Kreisaufstellung.

| Schritte | Herr (Dame gegengleich) | Zähle |
|---|---|---|
| **TEIL A** | | |
| | *Paare in Nebeneinanderstellung, Front in Tanzrichtung, Dame eingehakt* | |
| 1–8 | 8 Gehschritte vorwärts LRLRLRLR | 1,2,3,4, 5,6,7,8 |
| | *Paare in Gegeneinanderstellung, R- oder L-Arm eingehakt* | |
| 9–16 | R- oder L-Rundgang<br>8 Gehschritte vorwärts LRLRLRLR | 1,2,3,4,<br>5,6,7,8 |
| **TEIL B** | | |
| | *Paare in Nebeneinanderstellung, Front in Tanzrichtung, Dame eingehakt* | |
| 1 | LF vorwärts | 1 |
| 2 | RF vorwärts | 2 |
| 3,4,5 | Chassé vorwärts LRL | 3+4 |
| 6 | RF vorwärts | 5 |
| 7 | LF vorwärts | 6 |
| 8,9,10 | Chassé vorwärts RLR | 7+8 |
| | *ohne Tanzhaltung* | |
| 11,12,13 | L-Solo-Kreis, 3/4 LD,<br>3 Gehschritte vorwärts LRL | 1,2,3 |
| | *Paare in Gegenüberstellung* | |
| 14 | RF schließen, Klatsch auf Knie | 4 |
| 15,16,17 | 3 Gehschritte vorwärts LRL | 5,6,7 |
| 18 | RF schließen<br>R-Daumen über die Schulter, »Oi« rufen | 8 |

## Woher kommt der Blues?

**Blues** ist eine 1920 in den USA entstandene Musikrichtung, die das weltliche Gegenstück zum Spiritual bildete. In den Liedern voller Schwermut und Sehnsucht klangen die Stimmen der jahrhundertelang versklavten und ausgebeuteten nordamerikanischen Schwarzen. In klassischer Dreiteiligkeit bestand der Blues aus zwei Melodienphrasen zu je 12 Takten, von denen die erste wiederholt wurde. Es gab nicht nur langsamen Blues, sondern auch schnelle Bluesrhythmen. Der **Modetanz Blues** entwickelte sich als Ersatz für den schwierigen Slowfox und erfreute sich über Jahrzehnte mit seiner lässigen Art besonderer Beliebtheit. Bis heute tanzt man Blues auf die unterschiedlichsten, langsamen Musikstücke, für die (außer der anspruchsvolle Slowfox) kein anderer Paartanz in Frage kommt. Der Blues-Pendel-Grundschritt (Pendulum) beansprucht, ähnlich wie der Foxtrott, 1 1/2 Takte. Es empfiehlt sich, die Schrittfolge so zu tanzen, dass eine abgeschlossene Schrittfolge von 16 Takten entsteht, damit die Schritte mit der musikalischen Phrase zusammenfallen.

**Musik:**
4/4-Takt, »Sentimental Journey« oder jede andere Blues- oder Slowfoxmusik; **CD zum Buch** siehe S. 126.

1

2

## Pendulum & Promenade

**Ausgangsposition:** Paare in geschlossener Gegenüberstellung Latein, Herr steht Front zur Wand.

### Pendulum

| Schritte | Herr | Dame | Zähle |
|---|---|---|---|
| 1 | LF seitwärts | RF seitwärts | quick |
| 2 | RF schließen Ball Tap | LF schließen Ball Tap | quick |
| 3 | RF seitwärts | LF seitwärts | quick |
| 4 | LF schließen Ball Tap | RF schließen Ball Tap | quick |

*am Ende in Promenadenposition drehen*

### Promenade

| Schritte | Herr | Dame | Zähle |
|---|---|---|---|
| 5 | LF seitwärts | RF seitwärts | quick |
| 6 | RF vorkreuzen | LF vorkreuzen | quick |

*am Ende wieder zueinander in die geschlossene Gegenüberstellung zurückdrehen*

**Hinweise:** Die Pendelschritte können beliebig oft wiederholt werden. Während der Schritte 5–6 kann die Dame auch eine R-Solodrehung (Damensolo) unter den erhobenen, gefassten Händen tanzen.

5

5 (Damensolo)

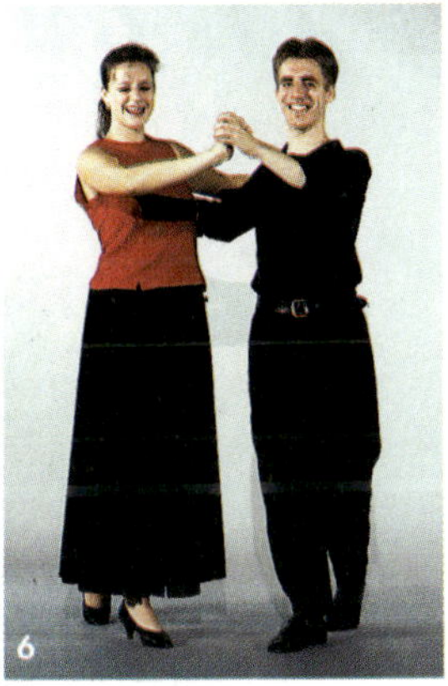
6

## *Woher kommt der Black Bottom?*

**Black Bottom** ist nordamerikanischer Herkunft und wurde 1926 erstmals im Apollo-Theater in Harlem vorgeführt. Der Paartanz kam 1927 als Nachläufer des Charleston nach Europa.
Stampfende, fast ruckartige kleine Schritte mit vorgelegtem Körpergewicht gaben dem Black Bottom einen schwerfälligen Charakter; die Bewegung wurde mit dem »Herumwaten im Schlamm« verglichen. Die Hüftbewegung wurde stark betont und erregte als »dekadent« entsprechende Entrüstungsstürme. Heute sind diese so genannten »Latin Hip«-Bewegungen Bestandteil aller lateinamerikanischen Tänze.

**Musik:**
4/4-Takt, »Black Bottom«, **CD zum Buch** und CDs Nr. **1, 12, 13** s.S. 126.

1

2

25

## Grundschritte

**Ausgangsposition:** Kreisaufstellung, Paare in geschlossener Gegenüberstellung, Herr Front zur Wand. Herr legt linke Hand an die linke Hüfte der Dame, Dame schlingt u. U. die Hände um den Hals des Herrn.

### Einfach

| Schritte | Herr (Dame gegengleich) | Hüfte | Zähle |
|---|---|---|---|
| 1 | LF mit lockerem Knie ca. 1 Fußlänge vorschieben, 1/2 Ballendruck, | R-Hüfte herausdrücken | 1 |
| | allmählich Gewichtsübernahme | L-Hüfte herausdrücken | |
| 2 | RF mit lockerem Knie ca. 1 Fußlänge vorschieben, 1/2 Ballendruck, | L-Hüfte herausdrücken | 2 |
| | allmählich Gewichtsübernahme | R-Hüfte herausdrücken | |

### Doppelt

| Schritte | Herr (Dame gegengleich) | Hüfte | Zähle |
|---|---|---|---|
| 1 | LF mit lockerem Knie ca. 1 Fußlänge vorschieben, **ohne** Gewichtsübernahme | R-Hüfte herausdrücken | 1 |
| 2 | LF weiter vorschieben **mit** Gewichtsübernahme | R-Hüfte herausdrücken, L-Hüfte herausdrücken | 2 |
| 3 | RF mit lockerem Knie ca. 1 Fußlänge vorschieben, **ohne** Gewichtsübernahme | L-Hüfte herausdrücken | 3 |
| 4 | RF weiter vorschieben **mit** Gewichtsübernahme | L-Hüfte herausdrücken, R-Hüfte herausdrücken | 4 |

**Hinweis:** Folgende Figurenfolge wird vorgeschlagen

1– 8 Grundschritt – doppelt (2 × 1–4)
9–16 Grundschritt – einfach (4 × 1–2)
17–24 Grundschritt – doppelt (2 × 1–4)
25–32 Grundschritt – einfach mit Solo–Kreis (Herr 1/1 LD, Dame 1/1 RD)

# 1920er Jahre: Charleston

## ***Woher kommt der Charleston?***

**Charleston** ist eine aus dem Stamm des Foxtrotts entstandene Tanzform. Der nach der Stadt Charleston in South Carolina/USA benannte Charleston war *der* Paartanz in den 1920er Jahren. Er wurde von einer Negerrevue in New York 1922 erstmals vorgeführt und faszinierte durch seinen ins Tänzerische übertragenen synkopierten Rhythmus. Ab 1925 fand er Eingang in die Tanzsalons Europas und löste durch seine exzentrischen Bewegungen eine rauschhafte Ekstase aus. Bis heute ist er als faszinierender Tanz nicht aus der Mode gekommen.

**Musik:**
$^{2}/_{4}$-Takt, »Charleston«; **CD zum Buch** und CDs Nr. **1, 4, 9, 12, 17** siehe S. 126.

**Seitwärts**

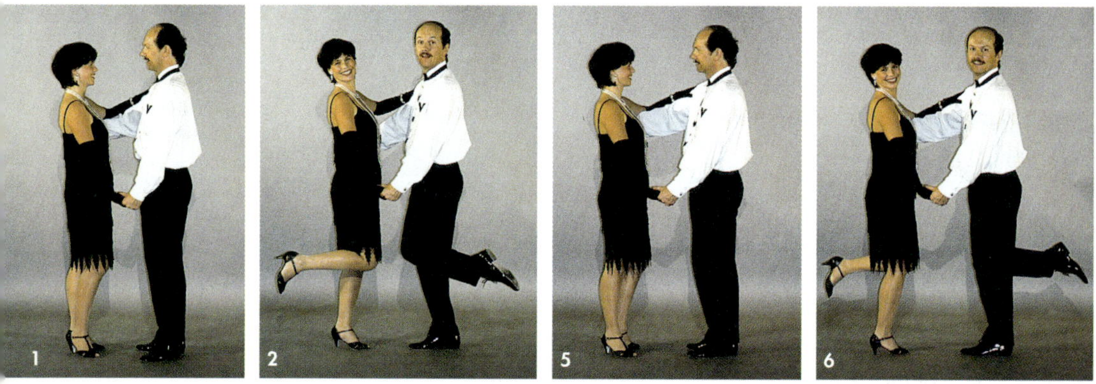


**Vorwärts – Rückwärts**

## Grundschritte

**Ausgangsposition:** Freie Aufstellung im Raum oder Kreisaufstellung, Paare in geschlossener Gegenüberstellung.

### Seitwärts

| Schritte | Herr | Dame | Zähle |
|---|---|---|---|
| 1 | RF seitwärts | LF seitwärts | (V) 1 |
| 2 | LF heben | RF heben | (Λ) + |
| 3 | LF tap | RF tap | (V) 2 |
| 4 | LF heben | RF heben | (Λ) + |
| 5 | LF seitwärts | RF seitwärts | (V) 1 |
| 6 | RF heben | LF heben | (Λ) + |
| 7 | RF tap | LF tap | (V) 2 |
| 8 | RF heben | LF heben | (Λ) + |

### Vorwärts-Rückwärts

| Schritte | Herr | Dame | Zähle |
|---|---|---|---|
| 1 | RF vorwärts | LF rückwärts | (V) 1 |
| 2 | LF heben | RF heben | (Λ) + |
| 3 | LF tap vorwärts | RF tap rückwärts | (V) 2 |
| 4 | LF heben | RF heben | (Λ) + |
| 5 | LF rückwärts | RF vorwärts | (V) 1 |
| 6 | RF heben | LF heben | (Λ) + |
| 7 | RF tap rückwärts | LF tap vorwärts | (V) 2 |
| 8 | RF heben | LF heben | (Λ) + |

**Hinweise:** Der Charleston wird auf flachen Füßen mit einem Stakkato-artigen Strecken und Beugen der Knie und entgegengesetztem Füßedrehen getanzt:
(V) = beide Knie gestreckt, beide Fußspitzen nach außen,
(Λ) = beide Knie gebeugt, beide Fußspitzen nach innen.
Der Grundschritt Vorwärts-Rückwärts kann auch mit Rechtsdrehung getanzt werden.
Der Grundschritt-Seitwärts kann auch in der Schrittfolge 1, 2, 5, 6 variiert werden.

## Rundgang/Stomp

**Ausgangsposition:** Freie Aufstellung im Raum oder Kreisaufstellung, Paare in Gegenüberstellung.

### Rundgang

| Schritte | Herr (Dame gegengleich) | | Zähle |
|---|---|---|---|
| **Rechts-Rundgang** (rechter Arm eingehakt) | | | |
| 1 | RF vorwärts | 8 Charlestonschritte vorwärts | 1 |
| 2 | LF heben | | + |
| 3 | LF vorwärts | | 2 |
| 4 | RF heben | | + |
| 5–16 | 3 × Wiederholung 1–4 | | 3+4+5+ 6+7+8+ |
| **Links-Rundgang** (linker Arm eingehakt) | | 8 Charlestonschritte vorwärts | |
| 1–16 | gegengleich zu R-Rundgang | | |

### Stomp (beidbeinige Rutschbewegung)

*ohne oder mit Tanzhaltung*

| Schritte | Herr (Dame gegengleich) | Zähle |
|---|---|---|
| 1 | Stomp nach diagonal links vorwärts, Knie gebeugt | |
| 2 | Stomp rückwärts, Fußspitze geradeaus, Knie gestreckt | |
| 3 | Stomp nach diagonal rechts vorwärts, Knie gebeugt | |
| 4 | Stomp rückwärts, Fußspitze geradeaus, Knie gestreckt | |
| **Stomp langsam:** | 2 × Schritte 1–4 | 1,2,3,4, 5,6,7,8 |
| **Stomp schnell:** | 4 × Schritte 1–4 | 1+2+3+ 4+5+6+ 7+8+ |

**Hinweis:** Folgende Figurenfolgen werden vorgeschlagen

| *ohne Partnerwechsel* | | **oder** | *mit Partnerwechsel,* Kreisaufstellung |
|---|---|---|---|
| 1–8 | Grundschritt Seitwärts oder Vorwärts-Rückwärts | 1–8 | Stomp langsam |
| | | 1–8 | R-Rundgang |
| 1–8 | R-Rundgang | 1–8 | L-Rundgang |
| 1–8 | L-Rundgang | 1–8 | Partnerwechsel, Dame im Halbkreis zum nächsten vorderen Herrn |
| 1–8 (16) | Stomp langsam (oder Stomp schnell) | | |

**Rechts-Rundgang**

**Links-Rundgang**

**Stomp**

## *Woher kommt die Hiawatha?*

Die **Hiawatha** war ein Paar-Rundtanz der 1920er Jahre. Warum der Tanz nach einem Indianerhäuptling benannt wurde, ist heute nicht mehr nachvollziehbar. Bei vielen geselligen Anlässen wurde nach der faszinierenden Musik im Ragtime-Rhythmus gehüpft und geschoben. Heute wird die Hiawatha aufgrund der einfachen Choreographie besonders von älteren Menschen noch gern getanzt.

**Musik:**
$^4/_4$-Takt, »Hiawatha«; **CD zum Buch** und CDs Nr. **1, 17** siehe S. 126.

A 1

A 2

A 11

A 15

B 1

B 17

B 18

B 25

**Ausgangsposition:** Kreisaufstellung.

| Schritte | Herr (Dame gegengleich) | Zähle |
|---|---|---|
| **TEIL A** | | |
| | *Paare in Nebeneinanderstellung, Handfassung oder eingehakt* | |
| 1 | L-Ferse vorwärts Tap | 1 |
| 2 | L-Fußspitze rückwärts Tap | 2 |
| 3,4,5 | Chassé vorwärts LRL | 3+4 |
| 6 | R-Ferse vorwärts Tap | 5 |
| 7 | R-Fußspitze rückwärts Tap | 6 |
| 8,9,10 | Chassé vorwärts RLR | 7+8 |
| | *Paare in geschlossener Gegenüberstellung* | |
| 11 | LF seitwärts | 1 |
| 12 | RF schließen | 2 |
| 13 | LF seitwärts | 3 |
| 14 | RF schließen | 4 |
| | *Paare in Gegenüberstellung, ohne Tanzhaltung* | |
| 15–18 | kleiner L-Solo-Kreis, 1/1 LD, 4 Gehschritte LRLR | 5,6,7,8 |
| 19–36 | Wiederholung von 1–18 | |
| **TEIL B** | | |
| | *Paare in Gegenüberstellung, ohne Tanzhaltung* | |
| 1–8 | Dosado linksschultrig, 8 Gehschritte vorwärts | 1,2,3,4,<br>5,6,7,8 |
| 9–16 | Dosado rechtsschultrig, 8 Gehschritte vorwärts | 1,2,3,4,<br>5,6,7,8 |
| | *Paare in Promenadenstellung* | |
| 17 | L-Ferse vorwärts Tap | 1 |
| 18 | L-Fußspitze rückwärts Tap | 2 |
| 19,20,21 | Chassé vorwärts LRL | 3+4 |
| 22 | R-Ferse vorwärts Tap | 5 |
| 23 | R-Fußspitze rückwärts Tap | 6 |
| 24,25,26 | Chassé vorwärts RLR | 7+8 |
| | *Paare in Gegeneinanderstellung, R-Hand in R-Hand* | |
| 25–32 | R-Handtour (Tour de Main), 8 Gehschritte vorwärts | 1,2,3,4,<br>5,6,7,8 |

## *Woher kommt der Cakewalk?*

**Cakewalk** ist einer der ersten Tänze nach amerikanischer Jazzmusik, der ursprünglich von Farbigen als Parodie auf ihre feinen Herren getanzt wurde. Seine grotesk und plumpen Schritte als »Preistanz um den Kuchen« hat er in dem ca. 1900 nach Europa importierten Gesellschaftstanz verloren. Zu Beginn des Jahrhunderts und auch heute noch wird er vor allem als Schautanz gepflegt. Revolutionär löst Cakewalk mit seiner offenen Promenaden- und Linienaufstellung und seinen aufreizenden Hüftbewegungen die europäischen Paar-Rundtänze ab. In den letzten Jahren hat er vor allem in Formationen, die in ihren Choreographien von dem Altmeister der Historischen Tänze Carl Ernst Riebeling geprägt sind, immer wieder die Tänzer begeistert.

**Musik:**
2/4-Takt, »Cakewalk; **CD zum Buch** und CDs Nr. **4, 9** siehe S. 126.

A 1

A 14

A 19

A 20

B 2

B 13

**Ausgangsposition:** Linienaufstellung.

| Schritte | Herr/Dame |
|---|---|
| **TEIL A** | |
| | *Paare in Nebeneinanderstellung* |
| 1–5 | 5 Cakewalks mit Knieheben am Platz LRLRL (ss qqs) |
| 5–10 | 5 Cakewalks mit Knieheben am Platz RLRLR (ss qqs) |
| | *Paare in Gegenüberstellung* |
| 11–18 | Dosado rechtsschultrig 8 schnelle Walks LRLRLRLR (qqqq qqqq) |
| | *Paare in Nebeneinanderstellung* Hüften wippen |
| 19 | zueinander, Oberkörper seitwärts, Hände schräg hoch (s) |
| 20 | auseinander, Oberkörper zurück, Hände zueinander (s) |
| 21,22 | Wiederholung 19,20 (ss) |
| **TEIL B** | |
| | *Paare in Gegenüberstellung* R-Handtour (Tour de Main) |
| 1–5 | 5 Cakewalks mit Knieheben am Platz LRLRL (ss qqs) |
| 5–10 | 5 Cakewalks mit Knieheben am Platz RLRLR (ss qqs) |
| | *Paare in Nebeneinanderstellung* |
| 11–26 | Dosado frontal, Dame zuerst vorn vorbei, 16 schnelle Walks, LF beginnt (qqqq qqqq qqqq qqqq) |

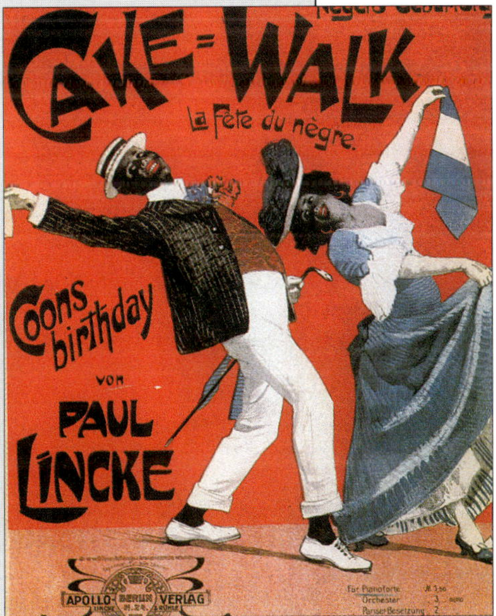


**Hinweis:**
Teil A und B sollen Anregungen geben, die weiteren Musikteile können entweder wie Teil A und B oder choreographisch verändert getanzt werden.

## Woher kommt der Rheinländer?

Der **Rheinländer** ist aus alten Volkstanzelementen entstanden, der sogenannten »Hopsanglaise«. Um 1840 kam der Rheinländer in Bayern auf, zunächst als »Rheinländer-Polka«; im Rheinland wurde er kurioserweise als »Bayerische Polka« bezeichnet. Er ist ein Paar-Rundtanz, der als »Geschlossener Rheinländer« oder als »Offener Rheinländer« zu langsamer Polkamusik in viertaktigen Phrasen (2 Polkaschritte, 4 Hopsschritte) getanzt wird.

**Musik:**
2/4-Takt, Rheinländer; **CD zum Buch** und CDs Nr. **1, 2, 4, 9, 12, 17** siehe S. 126.

**Geschlossener Rheinländer**

A 1

A 4

B 1

**Offener Rheinländer**

A 4

A 7

B 2

## Geschlossener/Offener Rheinländer

**Ausgangsposition:** Kreisaufstellung.

### Geschlossener Rheinländer

| Schritte | Herr | Dame | Zähle |
|---|---|---|---|
| **TEIL A** | *Paare in geschlossener Gegenüberstellung, Herr Front zur Wand* | | |
| 1 | LF seitwärts in TR | RF seitwärts in TR | 1 |
| 2 | RF schließen | LF schließen | + |
| 3 | LF seitwärts | RF seitwärts | 2 |
| 4 | RF seitwärts in GTR | LF seitwärts in GTR | 1 |
| 5 | LF schließen | RF schließen | + |
| 6 | RF am Platz | LF am Platz | 2 |
| **Teil B** | | | |
| 1 | LF rückwärts } 1/1 RD | RF vorwärts } 1/1 RD | dreh |
| 2 | RF vorwärts | LF rückwärts | dreh |
| 3 | LF rückwärts | RF vorwärts | dreh |
| 4 | RF vorwärts | LF rückwärts | dreh |

### Offener Rheinländer

| Schritte | Herr | Dame | Zähle |
|---|---|---|---|
| **TEIL A** | *Paare in Nebeneinanderstellung, Front in Tanzrichtung, offene Tanzhaltung* | | |
| 1 | LF seitwärts | RF seitwärts | 1 |
| 2 | RF schließen | LF schließen | + |
| 3 | LF seitwärts | RF seitwärts | 2 |
| 4 | RF vorgekreuzt anheben | LF vorgekreuzt anheben | + |
| 5 | RF seitwärts | LF seitwärts | 1 |
| 6 | LF schließen | RF schließen | + |
| 7 | RF vorwärts, 1/8 RD | LF vorwärts 1/8 LD | 2 |
| 9 | LF schließen o. Gew., 1/8 LD | RF seitwärts o. Gew., 1/8 LD | + |
| **TEIL B** | *Paare in geschlossener Gegenüberstellung, Herr Front zur Wand* siehe »Geschlossener Rheinländer«, Teil B | | |

**Hinweise:**
Der Offene Rheinländer kann auch als Wechsel-Rheinländer (Familien-Rheinländer) getanzt werden. Bei 1–8 tanzt jeweils die Dame einen Platz nach vorwärts oder auch nach rückwärts zum nächsten Partner.

## Woher kommt der Galopp?

Der **Galopp** ist ein rasanter Paar-Rundtanz. Er kam um 1825 auf und war rasch als Gesellschaftstanz auch außerhalb Deutschlands modern. Die Musik wurde in einem außerordentlich schnellen Tempo gespielt, und so wurde der anstrengendste Tanz des 19. Jahrhunderts zum »Tobetanz«. Als »Rausschmeißer« beendete er meist die Ballereignisse. Wegen seiner Einfachheit und Lebendigkeit hat er sich bis heute gehalten und wird gern bei geselligen Anlässen getanzt (z. B. auch in abgewandelter Version beim »Zillertaler Hochzeitstanz«).

**Musik:**
$^4/_4$-Takt, jede Galoppmusik, **CD zum Buch** und CDs Nr. **4, 9** siehe S. 126.

Seitwärts 1

Seitwärts 2

Im Drehen 4

## Grundschritte

**Ausgangsposition:** Kreisaufstellung, Paare in geschlossener Gegenüberstellung, Herr Front zur Wand.

### Seitwärts

| Schritte | Herr | Dame | Zähle |
|---|---|---|---|
| 1 | LF seitwärts | RF seitwärts | 1 |
| 2 | RF schließen | LF schließen | + |
| 3 | LF seitwärts | RF seitwärts | 2 |
| 4 | RF schließen | LF schließen | + |
| 5 | LF seitwärts | RF seitwärts | 3 |
| 6 | RF schließen | LF schließen | + |
| 7 | LF seitwärts | RF seitwärts | 4 |
| 8 | RF schließen | LF schließen | + |
| 9–16 | Wiederholung 1–8, auch mehrmalige Wiederholung von 1–16 | | |

### Im Drehen

| Schritte | Herr | | Dame | | Zähle |
|---|---|---|---|---|---|
| 1 | LF seitwärts | | RF seitwärts | | 1 |
| 2 | RF schließen | 1/2 RD | LF schließen | 1/2 RD | + |
| 3 | LF rückwärts | | RF vorwärts | | 2 |
| 4 | RF seitwärts | | LF seitwärts | | 1 |
| 5 | LF schließen | 1/2 RD | RF schließen | 1/2 RD | + |
| 6 | RF vorwärts | | LF rückwärts | | 2 |

**Hinweise:** Der Galopp-Grundschritt-Seitwärts besteht aus aneinander gereihten »Chassés« mit der Notation: 3/8, 1/16, usw. Verschiedene Versionen können getanzt werden, z. B.

- entweder fortlaufend Grundschritt-Seitwärts in Tanzrichtung, mehrmalige Wiederholung von 1–16
- oder in Tanzrichtung Grundschritt-Seitwärts 1–7 (bzw. 1–15), dann in Gegentanzrichtung Grundschritt-Seitwärts 1–7 (oder 1–15), jedoch Herr mit RF beginnend
- oder in Tanzrichtung Grundschritt-Seitwärts 1–6 (bzw. 1–14), Drehen 1–3 (1/2 RD), dann weiter in Tanzrichtung Grundschritt-Seitwärts 1–6 (bzw. 1–14), jedoch Herr mit RF beginnend, Drehen 4–6 (1/2 RD)

## Woher kommt die Polka?

Die **Polka** als Paar-Rundtanz stammt aus Böhmen. Sie soll 1820 von einem böhmischen Bauernmädchen erstmals getanzt worden sein. Das Wort leitet sich von »Pulka« (= die Hälfte) ab, da sie aus lauter Halbschritten besteht. Über Prag, Wien und Paris verbreitete sich die Polka aufgrund der beliebten Musik in ganz Europa. Sie ist bis heute im mitteleuropäischen Bereich nicht aus der Mode gekommen; einerseits ist sie nach wie vor Bestandteil folkloristischer Tänze, andererseits trägt sie bei geselligen Anlässen zum tänzerischen Schwung bei.

**Musik:**
2/4-Takt, jede Polkamusik, **CD zum Buch** und CDs Nr. **1, 2, 3, 4, 9, 12, 15, 17** siehe S. 126.

Grundschritt 1

Grundschritt 5

Kreuz-Polka 5, 7

Kreuz-Polka 12, 14

# Polka-Grundschritt/Kreuz-Polka

## Polka-Grundschritt

**Ausgangsposition:** Kreisaufstellung, Paare in geschlossener Gegenüberstellung, Herr Front zur Wand.

| Schritte | Herr | Dame | Zähle |
|---|---|---|---|
| 1 | RF hupf, L-Knie hoch | LF hupf, R-Knie hoch | hupf |
| 2 | LF seitwärts | RF seitwärts | 1 |
| 3 | RF schließen } 1/2 RD | LF schließen } 1/2 RD | + |
| 4 | LF rückwärts | RF vorwärts | 2 |
| 5 | LF hupf, R-Knie hoch | RF hupf, L-Knie hoch | hupf |
| 6 | RF seitwärts | LF seitwärts | 1 |
| 7 | LF schließen } 1/2 RD | RF schließen } 1/2 RD | + |
| 8 | RF vorwärts | LF rückwärts | 2 |

**Hinweise:** Der Polka-Grundschritt besteht aus einem »Hupf« (= Auftakt) und einem Wechselschritt. Die Schritte 1–4 werden mit Schulterführung Herr links, Dame rechts und die Schritte 5–8 mit Schulterführung Herr rechts, Dame links getanzt. Die Polka-Grundschritte werden je nach Musik beliebig oft wiederholt.

## Kreuz-Polka

**Ausgangsposition:** Kreisaufstellung, Paare in Nebeneinanderstellung, Einhandfassung (Herr R-Hand, Dame L-Hand).

| Schritte | Herr | Dame | Zähle |
|---|---|---|---|
| **TEIL A** | | | |
| 1 | RF hupf klein | LF hupf klein | hupf |
| 2 | LF seitwärts | RF seitwärts | 1 |
| 3 | RF schließen | LF schließen | + |
| 4 | LF seitwärts | RF seitwärts | 2 |
| 5 | RF vorgekreuzt auftippen | LF vorgekreuzt auftippen | tipp |
| 6 | RF leicht anheben | LF leicht anheben | |
| 7 | RF vorgekreuzt auftippen | LF vorgekreuzt auftippen | tipp |
| | 1/2 RD führende Hände wechseln | 1/2 LD | |
| 8–14 | gegengleich | gegengleich | |
| **TEIL B** | 2 × Polka–Grundschritt 1–8 | | |

## Woher kommt der Cancan?

Der **Cancan** (auch Chahut genannt) war ursprünglich ein französischer Paar-Rundtanz, der als Nachahmung des spanischen Fandangos nach 1830 als »Quadrille parisienne« in Frankreichs großen Ballsälen Eingang fand. In dem auf den Tanzmeister Chicard und den Komiker Mazarié zurückgeführten Tanz, den allein Frauen als Revuenummer tanzten, spielte der Beinhochwurf und der Sprung eine große Rolle. Da Cancan in seiner Ausdrucksform immer mehr ausartete, wurde er um die Wende 19./20. Jh. aus den Ballsälen verbannt. In Varietés hat er sich nach wie vor als Kunsttanz erhalten. Jacques Offenbach hat ihn 1858 in seiner Operette »Orpheus in der Unterwelt« und Henri de Toulouse-Lautrec mit seinen Illustrationen bekannt gemacht.
Eine Wiederbelebung erfuhr der Cancan 1971 durch die belebende Musik. Da die meisten Musikinterpretationen unregelmäßig waren, hat Hugo Strasser und später andere Interpreten die Musik mit drei Musikmotiven so aufgebaut, dass sie regelmäßig beim Tanzen wiederholt werden können. Die tänzerische Linientanz-Interpretation von Barbara Weber soll hier Anregungen geben.

**Musik:**
4/4-Takt, »Can Can«, **CD zum Buch** und CD Nr. **12** siehe S. 126.

A 1

A 5

B 5, 7

B 6

C 1

C 5

**Ausgangsposition:** Linienaufstellung oder Nebeneinanderstellung in Paaren (u. U. im Kreis).

| Schritte | Herr/Dame |
|---|---|
| **TEIL A** | |
| 1 | RF kleiner Sprung nach rechts, LF Kick-Tap seitwärts nach links |
| 2–4 | 3 × Wiederholung von 1, dabei Knie jeweils zum Körper ziehen |
| 5–8 | kleiner L-Solo-Kreis, 4 Laufschritte LRLR |
| 9–16 | Wiederholung 1–8, gegengleich |
| 17–32 | Wiederholung 1–16 |
| **TEIL B** | |
| | *evtl. Hände auf die Schultern des Nebenpartners* |
| 1–4 | 4 × Federn auf R-Ballen, dabei mit erhobenen LB 4 kleine Unterschenkelkreise (»en dehorse«) |
| 5 | Sprung auf R-Ballen, L-Zehenspitze Tap vor RF |
| 6 | Sprung auf R-Ballen, L-Knie hochziehen |
| 7 | Sprung auf R-Ballen, L-Zehenspitze Tap vor RF |
| 8 | Sprung auf R-Ballen, LF vor-hoch Kick |
| 9–16 | Wiederholung 1–8 gegengleich |
| 17–32 | Wiederholung |
| **TEIL C** | |
| | *einzeln* |
| 1–4 | 4 Laufschritte am Platz RLRL mit vorgebeugtem Oberkörper, dabei Unterschenkel nach hinten anheben |
| 5–8 | 4 Laufschritte am Platz RLRL mit zurückgelehntem Oberkörper, dabei Knie hochziehen |
| 9–32 | 3 × Wiederholung von 1–8 |

**Cancan um 1850.**

## Woher kommt die Française?

Die **Française** gehört zu den Contre- und Figurentänzen des 18. Jahrhunderts. Sie ist aus der so genannten »Anglaise« entstanden, die in Frankreich den Namen »Française« bekam. Auf den Bällen ab der Wende 19./20. Jh. bis heute bildet sie eine stimmungsvolle Unterbrechung tänzerischer Feste. Unter Anleitung eines Tanzlehrers, der mit klaren Kommandos die Figurenfolge rechtzeitig ansagt, haben viele Tanzschulen eigene heitere Varianten geprägt.
Die Française besteht aus fünf Teilen: Pantalon, L'Eté, La Poule, La Pastourelle und Finale. Die Musik ist aus der »Fledermaus« von Johann Strauß, so dass auch von der so genannten »Fledermaus-Quadrille« gesprochen wird, die mit unterschiedlichen Figuren choreographiert wurde (u. a. einheitlich für ADTV-Tanzschulen).
Eine besondere Variante bildet die Anfang des 20. Jh. von den Münchner Tanzlehrern Karl-Hermann Richter, Peps Valenci und Thea Sämmer geprägte so genannte **»Münchner Française«**, die wegen ihrer Einfachheit hier so beschrieben werden soll, wie sie heute auf vielen Bällen nicht nur in München zur Tradition geworden ist.
Mehrere Paare stehen sich in zwei Linien gegenüber und bilden eine Gasse. Je nach Tanzereignis werden bis zu fünf oder sechs solcher Gassen in einem Tanzsaal aufgestellt. Die Münchner Française ist für zwei Paare in Gegenüberstellung choreographiert, wobei die Dame jeweils an der rechten Seite ihres Herrn steht.

**Lithographie von Hans Stubenrauch: Française auf einem Münchner Bal paré.**

U Dame
V Herr

**Musik:**
2/4-Takt, »Münchner Française«; **CD zum Buch** und CD Nr. **11** siehe S. 126.

## 1. Tour »Pantalon«

**Aufstellung:**

```
>   ⊂
⊃   <

>   ⊂
⊃   <
<——>
ca. 2 m
```

**Begrüßung**

1–4 4 kleine Gehschritte im R-Halbkreis Verbougung zur eigenen Dame auf 4

5–8 ein kleiner Seitschritt nach rechts, Verbeugung zu der in der Reihe links stehenden Dame auf 8

9–12 ein kleiner Seitschritt nach links mit 1/2 LD, Verbeugung zur gegenüberstehenden Dame auf 12

13–16 zurück zur Ausgangsstellung links neben die eigene Dame

**Platzwechsel** linksschultrig

*Paare in der Promenadenfassung (R-Hände an der Taille der Dame)*

1–4 4 Gehschritte vorwärts zur Mitte

5–8 2 Gehschritte 1/2 LD, 2 Gehschritte rückwärts zum Gegenüberplatz

9–12 4 Gehschritte vorwärts zur Mitte

13–16 2 Gehschritte 1/2 LD, 2 Gehschritte rückwärts zum Ausgangsplatz

### Figurenfolge:

1. **1–16 Begrüßung**
2. **1–16 Platzwechsel**
3. **1–16 Dreher**
4. **1–16 Damenkette**
5. **1–16 Platzwechsel**

Wiederholung: 2.–5.

**Dreher**

*Paare in geschlossener Gegenüberstellung am eigenen Platz*

1–16 ca. 2 RD (Achsendrehung/Wiegeschrittdrehung), Beginn: Herr LF rückwärts, Dame RF vorwärts (siehe Fotos S. 108, B 1 und B 2)

**Damenkette**

*Damen gehen in einer Acht*

1–4 4 Gehschritte zur Mitte, R-Hand in R-Hand

5–8 4 Gehschritte rechtsschultrig aneinander vorbei zum gegenüberstehenden Herrn, L-Hand in L-Hand, 1/2 LD, in Promenadenfassung

9–16 Wiederholung 1–8 zum eigenen Herrn zurück

**Begrüßung**

**Damenkette**

## 2. Tour »L'Eté«

**Aufstellung:**

2 > ⊂ 2
1 ⊃ < 1

2 > ⊂ 2
1 ⊃ < 1

*In den Gassen durchzählen:*
*Nr. 1 = alle Herren mit dem Rücken und alle Damen mit der Front zur ... (Wand)*
*Nr. 2 = alle Herren mit der Front und alle Damen mit dem Rücken zur ... (Wand)*

### Figurenfolge:

1. **1–16 Begrüßung**
2. **1–16 Nr. 1 Rechts-Handtour** (am Ende $^1/_2$ RD)
3. **1–16 Nr. 1 Links-Handtour** (am Ende zurück zum eigenen Partner)
4. **1–16 Dreher**

Wiederholung: 2.–5. Nr. 2
Wiederholung: 2.–5. alle Damen
Wiederholung: 2.–5. alle Herren

**Begrüßung**
1–16 siehe 1. Tour

**Rechts-Handtour in der Mitte**
*Alle aufgerufenen Tänzer treffen sich als Paare in der Mitte, Gegeneinanderstellung, R-Handfläche auf R-Handfläche (Fingerspitzen nach oben)*
1–16 16 Gehschritte vorwärts, ca. $1^1/_2$ R-Handtour, die Nichtbeteiligten klatschen

**Links-Handtour in der Mitte**
*Alle aufgerufenen Tänzer treffen sich als Paare in der Mitte, Gegeneinanderstellung, L-Handfläche auf L-Handfläche (Fingerspitzen nach oben)*
1–16 16 Gehschritte vorwärts, ca. $1^1/_2$ L-Handtour, die Nichtbeteiligten klatschen

**Dreher am eigenen Platz**
*Paare in geschlossener Gegenüberstellung am eigenen Platz*
1–16 siehe 1. Tour

**Rechts-Handtour**

**Links-Handtour**

## 3. Tour »La Poule«

**Aufstellungen:**

| | | | | | | | |
|---|---|---|---|---|---|---|---|
| 2 | > | ⊂ | 2 | 2 | 1 | 1 | 2 |
| 1 | ⊃ | < | 1 | ∧ | U | ∧ | U |
| 2 | > | ⊂ | 2 | ∧ | U | ∧ | U |
| 1 | ⊃ | < | 1 | 2 | 1 | 1 | 2 |

**Begrüßung**
1–16 siehe 1. Tour

**Links-Handtour in der Mitte**
1–8 siehe 2. Tour
9–16 Aufstellen zum Balancé, dabei *außenstehende R-Schulter zur Mitte, alle Herren schauen in eine Richtung, alle Damen in entgegengesetzte Richtung und fassen zur Kette durch*

**Pendelschritte/Balancé**

| | *Herrn* | *Damen* |
|---|---|---|
| 1 | RF seitwärts | LF seitwärts |
| 2 | LF Tap vorkreuzen | RF Tap vorkreuzen |
| 3 | LF seitwärts | RF seitwärts |
| 4 | RF Tap vorkreuzen | LF Tap vorkreuzen |
| 5–16 | 3 × Wiederholung 1–4 | |

### Figurenfolge:

1. 1–16 Begrüßung
2. 1– 8 Nr. 1 Links-Handtour
   9–16 Aufstellung zum Balancé
3. 1–16 Balancé
4. 1–16 Zum Gegenüberplatz
5. 1– 8 Paare vorwärts-rückwärts
   9–16 Platzwechsel

Wiederholung: 2.–5. Nr. 2
Wiederholung: 2.–5. Nr. 1
Wiederholung: 2.–5. Nr. 2

**Zum Gegenüberplatz**
1–16 Außenstehende (Nr. 2) gehen hinter Innenstehende, Paare lösen die Haltung und kommen zum Gegenüberplatz

**Paare vorwärts-rückwärts**
1–4 4 Gehschritte vorwärts aufeinander zu
5–8 4 Schritte rückwärts zum Ausgangsplatz

**Platzwechsel zum eigenen Platz zurück**
1–8 siehe 1. Tour

**Balance**

**Paare vorwärts – rückwärts**

## 4. Tour »La Pastourelle«

**Aufstellungen:**

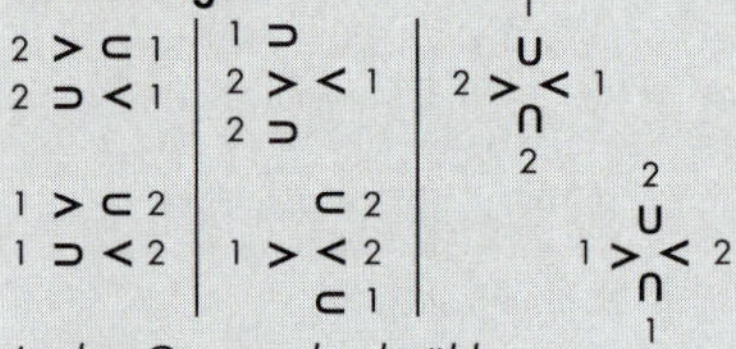

*In den Gassen durchzählen: Paare Nr. 1, Paare Nr. 2*

**Figurenfolge:**

| | | |
|---|---|---|
| 1. | **1–16** | **Begrüßung** |
| 2. | **1– 8** | **Paare 1 Dreher** |
| | **9–16** | **Dame 1 zu Paar 2** auf den Gegenüberplatz an die freie Seite des Herrn |
| 3. | **1–16** | **Zu dritt vorwärts-rückwärts, 2 x** |
| 4. | **1–16** | **Solo Herr 1** |
| 5. | **1–12** | **Karussell** |
| | **13–16** | **zurück zum Ausgangsplatz** |

Wiederholung: 2.–5. Dame 2 zu Paar 1, Solo Herr 2

Wiederholung: 2.–5. Herr 1 zu Paar 2, Solo Dame 1

Wiederholung: 2.–5. Herr 2 zu Paar 1, Solo Dame 2

**Begrüßung**

1–16 siehe 1. Tour

**Dreher am eigenen Platz**

1–16 siehe 2. Tour

**Zu dritt vorwärts-rückwärts**

1–4 4 Gehschritte vorwärts, Verbeugung
5–8 4 Gehschritte rückwärts zum Ausgangsplatz
9–16 Wiederholung

**Karussell**

*Zu viert Hände in der Mitte (Knoten: Handfassung der Herren und Einhalten der Damen) oder Sitzposition der Damen (ggf. bei der Wiederholung)*

1–12 kleine Galoppschritte nach rechts
13–16 zurück zur Reihenaufstellung

**Solo Herr/Dame**

1–4 4 Gehschritte vorwärts
5–8 4 Gehschritte rückwärts
9–12 4 Gehschritte vorwärts, Verbeugung
13–16 Anfassen zum Karussell

**Solo Herr**

**Karussell**

## 5. Tour »Finale«

**Aufstellung:**

| | | | |
|---|---|---|---|
| 2 | > | ⊂ | 2 |
| 1 | ⊃ | < | 1 |
| 2 | > | ⊂ | 2 |
| 1 | ⊃ | < | 1 |

*Einteilung wie bei 2. und 3. Tour*

**Begrüßung**

1–16 siehe 1. Tour

**Kolonne**

*Alle in einer Linie Stehenden zur Kolonne die Hände fassen*

1–4 4 Gehschritte vorwärts aufeinander zu

5–8 4 Gehschritte rückwärts zum Ausgangsplatz

9–16 Wiederholung von 1–8

**Rechts-Rundgang in der Mitte**

*Alle aufgerufenen Tänzer treffen sich als Paare in der Mitte, R-Arme eingehakt*

1–16 16 Geh- oder Hüpfschritte vorwärts, ca. 1 1/2 R-Rundgang, die Nichtbeteiligten klatschen

**Links-Rundgang in der Mitte**

1–16 ggl. zu Rechts-Rundgang

**Dreher am eigenen Platz**

1–16 siehe 1. Tour

### Figurenfolge:

1. **1–16 Begrüßung**
2. **1–16 Kolonne**
3. **1–16 Nr. 1 R-Rundgang** (am Ende 1/2 R-Drehung)
4. **1–16 Nr. 1 L-Rundgang** (am Ende zurück zum eigenen Partner)
5. **1–16 Dreher**

Wiederholung: 2.–5. Nr. 2
Wiederholung: 2.–5. alle Damen
Wiederholung: 2.–5. alle Herren
Abschluss: 1–16 Kolonne

oder

| | |
|---|---|
| 1–4 | Kolonne |
| 5 | klatsch eigene Hände |
| 6 | klatsch R-Hand gegenüber |
| 7 | klatsch eigene Hände |
| 8 | klatsch L-Hand gegenüber |
| 9 | klatsch eigene Hände |
| 10 | klatsch beide Hände gegenüber |
| 11–16 | Wiederholung 5–10 |

Kolonne

Klatsch

## Literatur

**Allgemeiner Deutscher Tanzlehrer-Verband:** Festschrift 250 Jahre Deutsche Tanzschule. Berlin 1968

**Allgemeiner Deutscher Tanzlehrer-Verband:** Ausbildungsunterlagen nach den Richtlinien des ADTV (u.a. Deutsch-Weber, B./Haag H.: Moderne Bewegungstechniken; Hesse, R.: Alte Gesellschaftstänze). Hamburg ab 1984

**Allgemeiner Deutscher Tanzlehrer-Verband** (Hrsg.), **Burgauner C.**: 75 Jahre ADTV. München 1997

**Augst, H. A.:** Das große Buch der lateinamerikanischen Tänze: Von Samba bis Cha-Cha-Cha. München 1995

**Birkenstock, A./Rüegg, H.:** Tango. Geschichte und Geschichten. München 2000[2] mit CD

**Böhme, F. M.:** Geschichte des Tanzes in Deutschland. Frankfurt 1886, Nachdruck Hildesheim-Wiesbaden 1967

**Boehn, M. v.:** Der Tanz. Berlin 1925

**Bottomer, P:** Tango Argentino – The Technique. Toton/Nottingham 1990 (CD über CONDOR Musikvertrieb GmbH erhältlich)

**Burgauner, C.:** Tanzen in Deutschland. München 1986

**Burgauner, C.:** Tanzen weltweit. München 1995

**Burgauner, C.:** Tanzsport verständlich gemacht. München 1996

**Burgauner, C.:** Tanzen und Freizeit. ADTV Gestern – Heute – Morgen. München 1998

**Collier, S./Cooper, A./Azzi, M. S./Martin, R.:** Tango mehr als ein Tanz. München 1995

**Deutscher Tanzsportverband**: Freizeit-Breitensport-Fibel Tanzen. Neu-Isenburg 1989

**Eichstedt, A./Polster, B.:** Wie die Wilden. Tänze auf der Höhe ihrer Zeit. Berlin 1925

**Fern, E.:** Wir lernen Mode-Tänze. Wiesbaden 1968

**Fern, E.:** Wir lernen tanzen. Standard- und lateinamerikanische Tänze. Niedernhausen 1987

**Garnier, E. v.:** bernold, beat, bossanova. München 1972

**Girke, D.:** Tanzsport in der Schule. Schriftenreihe zur Praxis der Leibeserziehung und des Sports, Bd. 159. Schorndorf 1982

**Günther, H./Schäfer, H.:** Vom Schamanentanz zur Rumba. Die Geschichte der Gesellschaftstänze. Stuttgart 1975

**Günther, H./Haag, H.:** Von Rock´n´ Roll bis Soul. Die modernen Poptänze von 1954 bis 1976. Ostfildern-Nellingen 1976

**Günther, H.:** jazz dance. Geschichte/Theorie/Praxis. Berlin 1980

**Haag, P./Rädler, G.:** Rock´n´Roll. In: Bayerisches Staatsministerium für Unterricht, Kultus, Wissenschaft und Kunst. Lehrerfortbildung für den Sportunterricht in Bayern/Tanz. München 1990

**Hädrich, G.:** Die Tanzstunde. Das Welttanzprogramm. Party- und Discotänze. Stuttgart 1983[2]

**Hädrich, G.:** Tanzstunde. Das Welttanzprogramm leicht gelernt. Niedernhausen 1988

**Hahn, G.:** Tanz in der Schule. Deutscher Tanzsportverband/Hessisches Institut für Lehrerfortbildung (Hrsg.), Neu-Isenburg 1994
**Hepp, H. u. M.:** Mitmach-Tänze 1 & 2. Boppard/Rhein 1997
**Imperial Society of Teachers of Dancing:** The Revised Technique of Latin American Dancing. London 1983[5]
**Imperial Society of Teachers of Dancing:** The Ballroom Technique. London 1993[5]
**Kächele, W.:** Partytänze – Partyspiele. Niedernhausen 1977
**Keller, R.:** Modetänze im Selbstunterricht. Berlin o.J.
**Kirch, S.:** Rock´n´Roll. Aachen 1995
**Krebs, P.:** Wiener Walzer, Mambo, Bolero und Cha-Cha-Cha. In: Moore, A.: Gesellschaftstanz. Stuttgart 1982[11]
**Krekow, S./Steiner J./Taupitz, M.:** HipHop-Lexikon. Berlin 1999
**Krombholz, G.:** Tanzen für alle. Von den Grundelementen zu geselligen Tanzformen. München 1980[2]
**Krombholz, G.:** Tanz. In: Größing, S. (Hrsg.), Senioren und Sport. Bad Homburg 1980, S. 194-284
**Krombholz, G. und Münchner Rollstuhl-Tanzgruppe:** Rollstuhltanz. München 1986
**Krombholz, G./Haag P.:** Richtig Rock´n´Roll Tanzen. München 1986[3]
**Krombholz, G./Leis-Haase, A.:** Richtig Tanzen Lateinamerikanische Tänze. München 2001[5]
**Krombholz, G./Leis-Haase, A.:** Richtig Tanzen Standardtänze. München 2001[4]
**Lustgarten, K.:** The Complete Guide to Disco Dancing. Deutsche Übersetzung: Eine Disco-Tanzschule für alle neuen Tänze. München 1979
**Mayert, A.:** Die Entwicklung des Hip-Hop-Tanzens von seinen Anfängen in New York bis zu seinen heutigen Ausprägungen an verschiedenen Münchner Freizeiteinrichtungen. Wiss. Arbeit bei Dr. Gertrude Krombholz, Technische Universität München 1998
**Moore, A.:** Ballroom Dancing. 1936[1]/1983[11]
**Moore, A.:** Gesellschaftstanz (Mit den Teilen Wiener Walzer, Mambo-Bolero und Cha-Cha-Cha von Paul Krebs). Deutsche Übersetzung Hädrich, G./ Kalkhoff, H., Stuttgart 1982[11]
**Nau-Klapwijk, N.:** Tango-Dimensionen. München 1999
**Paugger, P.:** Gesellschaftstanz – Modetanz. Olten/Stuttgart/Salzburg 1971
**Rappmann, R./Walter, A.:** Tango. Obsession – Passion. Wangen/Allgäu 1997
**Richter, K./Kleinow, H.:** Fit mit Tanzen. Niedernhausen 1987
**Rieberling, C.E.:** Alte Gesellschaftstänze um die Jahrhundertwende (1900), aus der Inflationszeit (1925). ADTV-Prüfungsunterlage des ADTV o.J.
**Sachs, C.:** Eine Weltgeschichte des Tanzes. Berlin 1933
**Santi, V.:** Technique Merengue – Salsa – Mambo. Uitikon/CH 1998
**Schneider, O.:** Tanzlexikon. Der Gesellschafts-, Volks- und Kunsttanz von den Anfängen bis zur Gegenwart mit Bibliographie und Notenbeispielen.

Mainz/London/New York/Tokyo 1985
**Siemsen, B.:** Rock´n´Roll. Schritte, Figuren, Variationen. rororo, Hamburg 1986
**Skasa-Weiß, E.:** Verspielte Tänze – Kleiner Flirt. München 1959
**Steuer, W.:** Münchner Française. In: ADTV – Intako ´89. Mainz 1989
**Steuer, W.:** So tanzt man Rock´n´Roll: Grundschritte, Figuren, Akrobatik. Niedernhausen 1995
**Stuber, H.U.:** (Hrsg.) Wörterbuch des Tanzsports. München 1990
**Tanz-Illustrierte.** Organ des Allgemeinen Deutschen Tanzlehrerverbandes, Swiss Official Board und des Verbandes der Tanzlehrer Österreichs. Hans-Georg Schnitzer-Verlag Köln (erschien monatlich von 1952 bis 1985)
**Tanzschulinhaber-Vereinigung (TSIV) im ADTV:** Tanzen. Spaß zu zweit. München 1989
**Trautz, R./Schnitzer, G.:** Gesellschaftstänze. München 1985
**Weber, B./F.:** Disco-Tänze. Niedernhausen 1979
**Weber, B./F.:** Dancing. Moderne Discotänze: mit Mambo und Salsa. Niedernhausen 1989
**Weber, B./F.:** Moderne Tänze mit Soultechniken, Disco-Fox, Hustle, Mambo/Salsa und Partytänzen. Niedernhausen 1995
**Wolff, P.:** Tanzen. Das Welttanzprogramm in der Grund- und Aufbaustufe. Niedernhausen 1997
**Zarmer, G., Kerssenbrock, A.:** Tanz mit. 40 moderne und gesellige Tänze für jung und alt. Celle 1981[2]
**ZeeRay**: HipHop. Aachen 1999

## Video

Deutscher Tanzsportverband/Junghans, B. und Team: Lehrvideo: 20 moderne Linientänze und moderne Bewegungstechnik – mit Begleitheft. CONdisc Nahe

Salmen, R. u. H. mit ihrer Show-Tanzgruppe: Tanz-Nostalgie. Tänze der Jahrhundertwende und aus den goldenen 20erJahren. CONdisc Nahe

Salmen, R. u. H. und ihrem Team sowie der »Wemdinger Formation«: Tanz-Nostalgie. Eine neue Folge mit historischen Tänzen mit Begleitheft. CONdisc Nahe

Schöffel, M. u. Ch.: Discofox/Discohustle. CONdisc Nahe

**Boogie/ Jitterbug und Rock'n'Roll im Turnierstil.**

## *Tanzmusik*

**40 Modetänze. CONdisc 101070 abgestimmt auf »Richtig Tanzen Modetänze«** zu beziehen über CONDOR Musikvertrieb GmbH, Postfach/P.O. Box, D-23866 Nahe, Kreis Segeberg Telefon: 04535/466 oder 1612 Telefax: 04535/8232 oder 2278

### *Weitere Vorschläge*

1. **Brevier alter Tanzmusik.** Tänze der Jahrhundertwende. Hugo Strasser und sein Tanzorchester & Kölner Salon-Orchester Löwen, CONdisc 101018.
2. **Brevier alter Tanzmusik II.** Salon-Orchester-Intermezzo, CONdisc 101024.
3. **Brevier alter Tanzmusik III.** Historische Aufnahmen. CONdisc 101054.
4. **Brevier alter Tanzmusik IV.** Historische Tänze. Orchester Werner Taubert. CONdisc 101068.
5. **Dance with me!** Günther Noris & Gala Big Band. LaserLight 12712.
6. **Deutsche Tanz Charts 98.** Arcade 8805082.
7. **Fetenhits »DiscoFox«.** Polystar 565252-2.
8. **Goldene Tanz-Nostalgie.** Hugo Strasser und sein Tanzorchester. 7243 8 29039 25.
9. **Historische Tänze.** Orchester Werner Tauber. Swinging World 14140.
10. **Mitmach-Tänze 2.** Hannes und Michael Hepp. Fidula Verlag – CD 4474.
11. **Münchner Française.** Orchester Werner Tauber bittet zum Tanz mit Johann Strauß Melodien. Alpana 1-47045.
12. **Party-Tänze/Tanzeditionen.** Hugo Strasser, Claudius Alzner, Frank Pourcel und ihre Orchester, Lucky Birds. CDP 566-792390 2.
13. **Rock'n'Roll.** Bill Haley & the Comets. Laser Light 12 396.
14. **Strictly Dancing – The 60's.** Hugo Strasser und sein Orchester. Laser-Light 16055.
15. **Super-Oldies Tanz-Party.** Orchester Ambros Seelos. Koch International 322 880.
16. **20 Tänze. Geselliges Tanzen von acht bis achtzig. Oldies aus den Jahren 1955–1980.** CONdisc 39 602.
17. **Tanzalbum des Jahrhunderts.** Hugo Strasser und sein Tanzorchester. 72243 8 30336 21.
18. **Tanzalbum der 20er und 30er Jahre.** La Rose Rouge. WE 001.
19. **Tanz-Nostalgie 2.** Die Musik. CONdisc 101067.
20. **Tanz-Gala '99.** Orchester Ambros Seelos. Koch 324 169.

## Fachausdrücke

### Füße

**Beat Shuffle** Bürsten des unbelasteten RF vorwärts mit dem Ballen über den Boden mit anschließendem leichten Abheben des RF, Zurückziehen des RF zum Standbein, RF belasten, gegengleich wiederholen.
**Chassé/Wechselschritt** Dreischritt-Kombination, bei welchem der zweite Schritt geschlossen wird.
**Flick** Schnelles Anheben des Unterschenkels nach rückwärts oder diagonal rückwärts oder hinterkreuzend.
**Hop** Hüpfschritt mit Absprung und Landung auf demselben Fuß.
**Kick** Anheben des Knies mit anschließendem Strecken des Unterschenkels nach vorwärts oder diagonal vorwärts oder vorkreuzend.
**Kick Ball Change** Dreiteilige Schrittkombination: Anheben des Knies mit anschließendem Strecken des Unterschenkels und Zurückführen des Beins – Aufsetzen desselben Fußes mit dem Ballen hinter dem Standbein – schnelles Zurückbelasten auf den Standfuß.
**Tap** Unbelastetes Aufsetzen eines Fußes mit der Fußspitze (Toe Tap), dem Ballen (Ball Tap), dem flachen Fuß (Flat Tap) oder der Ferse (Heel Tap).

### Hüften

**Hip Lift** Anheben der Hüfte über dem unbelasteten Bein.
**Hip Rock** In der offenen Fußstellung Latin Hip nach rechts oder links.
**Hip Shake** Schnelles Schütteln einer und beider Hüften über dem Standbein bzw. beiden Beinen, diagonal vorwärts und rückwärts.
**Latin Hip (Opposite Hip)** Hüftbewegung seitwärts über dem Standbein, Standbeinknie gestreckt, Schreitbein gebeugt; ausgelöst durch die Verlagerung und Belastung des Gewichts auf das Schreitbein (erst Beinbelastung, dann Hüfte!).
**Merengue Hip** Verzögerte Hüftbewegung seitwärts nach dem Belasten des Schreitbeins.
**Soul Hip** Vorausgreifende Bewegung einer Hüfte über dem Schreitbein halbkreisförmig vorwärts – seitwärts; sie löst den Schritt aus (erst Hüfte, dann Beinbelastung).

### Sonstiges

**ADTV** Allgemeiner Deutscher Tanzlehrerverband. Geschäftsstelle: Nordalbingerweg 19, 22455 Hamburg, Tel. 040/555 44 49, Fax 040/552 15 40
**Bounce** Rhythmisches Federn in den Füßen und Knien.
**Dosado** (auch Dosido oder Back to Back genannt) Zwei sich gegenüberstehende Tänzer gehen rechtsschultrig im Halbkreis aneinander ohne Frontveränderung vorbei (Rücken an Rücken) und linksschultrig im Halbkreis zurück zum Ausgangsplatz. Dasselbe kann auch linksschultrig ausgeführt werden.
**Gegenbewegung** Gleichzeitiges Vor- bzw. Rückwärtsdrehen der entgegengesetzten Körperseite zum Schreitbein.
**Mitbewegung** Gleichzeitiges Vor- bzw. Rückwärtsdrehen der gleichen Körperseite zum Schreitbein.
**Schulterführung** Die Schulterführung kann rechts oder links betont sein, indem die entsprechende Schulter nach vorn geschoben wird.